LA VIE FUTURE

ET LA

SCIENCE MO ER E

Lettre à M. le Pasteur

PAR

G.-A. HIRN

Nouvelle édition augmentée d'une lettre à M. L. Büchner.

COLMAR

EUG. BARTH, ÉDITEUR

1890

PARIS   PARIS

ISCHBACHER   A. LEMOIGNE, LIBRAIRE

ne. 33.   14, rue Bonaparte.

production et de traduction réservés

LA VIE FUTURE
ET LA SCIENCE MODERNE

OUVRAGES DU MÊME AUTEUR

se faisant suite :

Analyse élémentaire de l'Univers.

La musique et l'acoustique.

Réflexions critiques sur la théorie cinétique de l'Univers ; Réfutation scientifique du Materialisme.

Nouvelle réfutation générale des Théories appelées cinétiques.

L'avenir du Dynamisme dans les Sciences physiques.

La Cinétique moderne et le Dynamisme de l'avenir.

Constitution de l'Espace céleste.

LA VIE FUTURE

ET LA

SCIENCE MODERNE

Lettre à M. le Pasteur ***

PAR

G.-A. HIRN

Nouvelle édition augmentée d'une lettre à M. L. Büchner.

COLMAR

EUG. BARTH, ÉDITEUR

1890

PARIS	PARIS
Librairie FISCHBACHER	A. LEMOIGNÉ, Libraire
rue de Seine, 33.	14, rue Bonaparte.

Imp. J. B. Jung & Cie, Colmar.

AVANT-PROPOS

La nouvelle édition de la *Vie future* que nous publions à la demande d'un grand nombre d'amis de M. Hirn est une réédition fidèle de la première.

Nous faisons précéder ce travail d'une lettre qu'il a écrite en réponse à un ouvrage de M. L. Büchner, portant le même titre *(das künftige Leben etc.)* sûrs de remplir un devoir en réalisant le désir de l'auteur.

En effet M. Hirn allait donner cette lettre à l'impression, lorsque la mort vint brusquement l'empêcher de poursuivre l'œuvre à laquelle il avait consacré sa vie entière.

Puisse cet ouvrage contribuer à achever l'œuvre de M. Hirn, et assurer le triomphe du Spiritualisme sur le Matérialisme.

Colmar, 16 avril 1890.

LETTRE

Adressée par M. G.-A. HIRN

à M. le Professeur L. BÜCHNER

au sujet de leurs brochures parues sous un même titre :

La Vie future et la Science moderne.

———•———

CHER MONSIEUR BÜCHNER,

Vous avez eu l'obligeance de m'adresser une collection de lettres que vous avez écrites à une amie et que vous avez réunies en une brochure. Je vous en remercie. Vos lettres, comme tout ce que vous écrivez, sont claires, précises et nettes; elles ne laissent planer aucune incertitude sur le sens de votre pensée. Vous avez l'immense mérite de la franchise, dont sont dépourvus bien des gens qui, au fond, partagent vos opinions, mais qui, à leur plus grand bénéfice, en professent de tout opposées.

Vous avez malicieusement donné à votre brochure le titre de celle que j'ai publiée il y a quelques années déjà : *La Vie future et la Science moderne*. Vous avez sans doute voulu montrer que, sur le même sujet, deux savants, aujourd'hui comme autrefois, peuvent dire, l'un blanc, l'autre noir, sans qu'âme qui vive y voie autre chose que du gris. Je ne vous désapprouve nullement en ce sens. Ai-je besoin, en effet, de vous avouer qu'il n'y a pas un seul alinéa de vos lettres où je sois d'accord avec vous? Si j'avais l'avan-tage de connaître votre HONORÉE AMIE, je me permettrais de lui écrire de mon côté une dizaine de lettres. Assurément je ne me flatterais pas de la convertir; elle me paraît beaucoup trop endurcie déjà pour cela; mais je suis du moins

convaincu qu'au bout de la cinquième
lettre, j'aurais ramené les plateaux de la
balance au même niveau, de façon à ce
qu'elle-même n'y voie plus que du gris;
disons, de façon à ce qu'elle soit rame-
née à l'humble doute, commun à la grande
masse des mortels. Mes prétentions s'arrêtent là. [1]

Par le titre que vous avez adopté,
vous me mettez en quelque sorte en demeure de vous répondre. Je le ferai sous
la forme la plus concise, en ce qui concerne le sujet dominant de votre brochure, l'extinction absolue de notre individualité par le trépas.

En astronomie, on peut affirmer aujourd'hui hautement que la Doctrine qui
réduit tous les éléments de l'Univers à
un seul, la MATIÈRE, qui attribue tous
les phénomènes imaginables à des mouvements de l'*atome matériel*, qui ne connaît d'autre cause du mouvement que le
mouvement lui-même, on peut affirmer,

dis-je, que le matérialisme proprement
dit n'a plus droit de cité dans la Science.
Dans l'ouvrage que je viens de publier
récemment, *la Constitution de l'Espace
céleste*, on peut voir démontré sous
toutes les formes imaginables, qu'il ne
se trouve plus dans l'Espace interstel-
laire de traces de matière pondérable à
l'état diffus, permettant d'expliquer les
phénomènes de relation des astres entre
eux : attraction, radiation lumineuse, radiation calorifique, induction électrique...
Parmi les astronomes qui ont bien voulu
lire mon ouvrage, il n'y en a jusqu'ici
pas un seul qui nie cette assertion. Les
relations d'astres à astres relèvent donc
d'autre chose que de matière en mouvement. L'espace est rempli de quelque
chose de spécifiquement distinct de la
Matière. L'élément intermédiaire ou de
relation, l'élément dynamique, la Force
en un mot, existe, et cet élément est dans
son existence même un fait pur et simple,

indépendant de toute théorie, de tout système.

Dans l'interprétation des seuls phéno-mènes du monde inorganique, un physicien ne peut donc pas être matérialiste.

Mais si dans l'ordre physique, vous ne pouvez plus être matérialiste proprement dit, à plus forte raison en est-il ainsi dans l'ordre des phénomènes du monde vivant. Il est permis désormais d'invoquer logi-quement l'existence d'un troisième élé-ment tout aussi indispensable; c'est en-core là une question de fait pur et simple, et elle est parfaitement résolue par le sens commun. Avec la matière et avec l'attrac-tion, l'électricité, la lumière, la chaleur, vous ne ferez jamais que des machines, mais non un être pensant, doué d'affecti-vité. Vous n'en ferez jamais, je ne dirai pas un homme de génie, mais même le plus minime des cryptogames. Et la plus par-faite de ces machines ne sera jamais qu'un automate, dont un mathématicien pourra déterminer à l'avance toutes les fonctions, alors que la puissance d'investigation des mathématiques s'arrête à la lisière même du monde organique.

Voilà, cher monsieur Büchner, les faits élémentaires, purs et simples, que je me permettrais d'abord de soumettre très humblement à votre honorée amie.

J'en reviens maintenant au sujet particulier de vos lettres. Vous direz, et avec raison, que, quand bien même l'existence d'un élément vital ou animique nécessaire chez le plus infime des êtres organisés serait démontrée, la réalité d'une vie future ne le serait pas encore. Beaucoup de vos arguments de négation s'appliquent en effet encore dans ce cas. J'ai discuté la question de mon mieux dans la brochure que je vous ai adressée; je n'y reviendrai pas ici. Je ne vous ai pas converti, par la raison fort simple que vous niez d'emblée l'existence d'un élément vital, alors que je considère cet élément comme tout

aussi indispensable que l'élément dynamique, dont la réalité objective ne peut
plus être contestée aujourd'hui par l'esprit le plus rebelle. Je ne m'arrêterai que
sur deux passages de votre brochure,
qui par leur objet sortent du domaine de
la Science et rentrent dans celui de tout
le monde.

Vous dites, page 7, et le matérialisme
ne peut nous offrir d'autre consolation,
que l'épouvante que fait naître en nous
la mort, dérive surtout de l'imagination
et de l'idée que nous nous en faisons;
que tous les soirs de notre vie, non seulement nous attendons sans crainte, mais
nous souhaitons de toutes nos forces l'arrivée d'un sommeil bienfaisant qui ré-
parera nos forces épuisées, et qui pourtant est l'image ou le frère jumeau de la
mort, l'abolition de la conscience de nous-
même.

*Dulcis et alta quies, placidæque simillima
morli.* Me permettrez-vous, cher mon-

sieur Büchner, de vous faire remarquer
qu'il y a ici une quadruple erreur d'appré-
ciation? Je ne sais ce qui se passe dans
la tête des autres, mais jusqu'ici je sais
encore assez bien ce qui se passe dans
la mienne; et je n'ai d'ailleurs pas lieu
de croire que ma façon de juger soit
exceptionnelle. Si je crains la mort, c'est
parce que j'ai horreur, non seulement
du néant, mais de la seule abolition de
mon individualité; c'est parce que j'aime,
la vie et que tout en ayant cruellement
souffert moralement et physiquement une
bonne partie de ma carrière, tout en
avouant que je ne la recommencerais pas
si cela m'était offert, j'aurais pourtant
toujours dit, avec le marquis de Posa :

Königin, das Leben ist doch schön!

Si je n'ai pas peur du sommeil, si je
le désire ardemment aussi, c'est parce
que je suis *à peu près sûr* que je me ré-
veillerai le lendemain frais et dispos,
absolument comme quand j'admire le

coucher du Soleil, je suis à peu près sûr
qu'il se lèvera le lendemain. C'est aussi
parce que le sommeil n'abolit pas complètement la conscience que j'ai de mon
être : j'y ai la mesure du temps puisque
je me réveille à l'heure qu'il me plaît; je
fais des rêves (rarement dorés, il est
vrai). ⅄— Effacez *l'à peu près sûr*, et le
sommeil devient pour moi la grande *inconnue* qui effraie le croyant même le plus
convaincu. — Voilà pour le côté personnel, je dirais presque, égoïste. Je
passe à un point de vue plus élevé. Je
viens de perdre un être que je chéris-
sais : vous aurez étrangement de peine
à me prouver qu'il doive m'être indif-
férent d'admettre que cet être a été définitivement *aboli*, ou qu'il continue son
existence ailleurs. Dans le premier cas,
le désespoir me saisira et m'abolira peut-
être à mon tour; dans le second cas, et
sans songer à un revoir dans un paradis
quelconque, je me ferai peu à peu un

devoir de me résigner. Que dis-je! si le matérialisme pouvait me persuader que ceux que j'aime ne sont de fait que des machines qui s'arrêteront un jour, le désespoir me saisirait bien avant leur extinction!

Les consolations et le courage que cherche à nous donner le matérialisme, en face du Roi des épouvantes, sont, avouons-le, d'une espèce bien étrange!

La seconde remarque que je me permets de vous faire, concerne la dernière page de votre dernière lettre.

Vous dites que, par suite de la puissance de l'habitude, il nous est sans doute bien difficile de nous figurer une époque et un état de développement où l'humanité, délivrée enfin de toute domination spirituelle ou temporelle, de prêtres et de rois, de la croyance en des puissances surnaturelles ou en une vie future, et guidée seulement par les principes éternels de la raison, de la Science et de l'é-

quité, marchera sur ses propres pieds. —
Croyez-bien, cher monsieur Büchner,
qu'autant que vous j'abhorre l'abus de
la Force, sous quelque forme qu'elle se
manifeste, quelque nom qu'elle porte;
qu'autant que vous j'abhorre la tyrannie,
d'où qu'elle parte, où qu'elle porte, qu'elle
veuille régir une Société ou m'imposer à
moi individuellement une idée absurde.
Mais je ne vois vraiment pas ce que tout
cela a de commun avec la notion de la
vie future; je suis même au contraire
très convaincu que si cette notion était
réellement incrustée dans la majorité des
cerveaux au lieu de ne l'être que pour
l'apparence, tous les abus, toutes les do-
minations qui vous blessent comme moi,
auraient bientôt leur fin. — Si l'âme
humaine (entre autres) existe et si elle
conserve son individualité après sa sépa-
ration d'avec le corps qui s'était organisé
sous son action, la vie future devient un
fait naturel commun à tous les hommes,

tout aussi naturel que n'importe quel
phénomène de l'Univers. Le surnaturel
et le super-naturel n'ont plus rien à voir
ici; et je le répète, si cette notion était
bien assise chez chacun, au lieu de ne
l'être que pour l'apparence, chacun aussi
porterait en lui-même une égide tellement sûre contre les empiétements du
dehors, qu'aucun despotisme, de quelque
nature qu'il soit, ne serait plus possible.
J'ajoute qu'il ne se trouverait plus personne pour essayer de l'exercer.

Le matérialisme affirme (et il y est
bien condamné) que les lois morales,
que les règles de conduite de l'individu
isolé, comme celle des sociétés, ne sont
en rien changées, soit que l'on admette,
soit que l'on n'admette pas une autre
existence. Ceci est une affirmation tout
aussi anti-scientifique que celle que j'ai
signalée plus haut.

Si le matérialisme avait raison, tous les
phénomènes, ceux du monde organique

aussi bien que ceux du monde physique,
ne relèveraient plus que du choc et des
mouvements divers des atomes matériels,
la gravitation elle-même, par exemple,
ne serait plus due qu'à des impulsions
d'atomes invisibles, mais pourtant tous
de même nature. Et tous les phénomènes quels qu'ils soient de notre organisme ne résulteraient eux-mêmes plus
que de tels chocs. Comment une pensée
et surtout comment la conscience que
nous avons de nous-mêmes peuvent sortir du choc de tant de millions qu'on voudra de billes élastiques très petites, c'est
ce que je laisse à d'autres le soin d'expliquer et surtout de comprendre eux-
mêmes; je me récuse ici fort humblement. Admettons cependant tout cela.
Il est évident que dans ces conditions,
l'homme, tout en tête, ne mérite plus
même le nom de machine. Une machine,
en effet, exprime encore une idée et un
but à atteindre; il s'y trouve un principe

moteur qui échappe à nos sens et qui,
tout au moins en apparence, diffère de
la chose mue par lui; ce principe agit
suivant de certaines lois déterminées.
Chez l'homme et chez le moteur mécanique, devenus des jeux de billards (l'expression est des plus correctes), tout cela
disparaît, et je le répète, il ne reste plus
même de machines. Admettons ou plutôt concédons pourtant le titre de machine. — Je suppose que je me présente
chez un horloger ou chez un constructeur de machines à vapeur et que je lui
demande, pour mon instruction personnelle, quelles sont les *lois morales*, quels
sont les *devoirs relatifs et réciproques* des
chronomètres, des machines à détente
ou autres. Cet horloger, ce constructeur,
que dis-je, tout le monde ne partira-t-il
pas d'un immense éclat de rire? Cette
question pourtant serait aussi parfaitement légitime et logique que quand on
l'applique à l'homme ou à la société hu-

maine, assimilés à des machines, et à bien plus forte raison, assimilés à des jeux de billards.

Si l'élément animique n'existe pas, si l'âme humaine et sa durée ultérieure n'ont point de réalité, si tous les phénomènes physiques, physiologiques, psychologiques ne sont que les résultats de chocs et de mouvements atomiques, si tout en un mot est *transitoire*, la raison, la science et la balance souveraine de l'équité ne sont elles-mêmes que des choses vaines et essentiellement transitoires, qui ne peuvent plus être invoquées comme des règles, comme des guides, comme des lois. Avec l'abolition d'une responsabilité *future* s'effacent, quoi qu'en ait toujours dit l'Ecole matérialiste, la responsabilité *actuelle* et toutes les lois morales. Dans une société formée de machines, par impossible intelligentes, la force nécessairement prime le droit ou plutôt le droit lui-même n'existe plus. (Ajoutons-y la ruse et l'hypocrisie, puisqu'il s'agit de machines intelligentes : ce sont des forces redoutables aussi.)

On ne voit pas clairement que l'état d'une Société ainsi constituée et régie soit particulièrement enviable et souhaitable.

Vous me direz sans doute, cher Monsieur Büchner, que dans nos sociétés modernes, il se trouve déjà passablement d'incrédules et que pourtant, pour peu qu'on soit juste, on ne peut pas dire qu'ils se conduisent généralement plus mal que ceux qui se targuent de principes rigides et qui, par exemple, affichent une foi religieuse ardente. Je me range à cet égard complètement à votre opinion. Mais l'objection se résout aisément. La plupart des hommes, et cela est fort heureux, sont inconséquents. En mettant même de côté la foule des indifférents qui font le mal et le bien en quelque sorte au hasard, selon leurs instincts du moment, et pour qui le Code civil et criminel, appuyé par le gendarme, sera toujours le guide le plus sûr, on est bien obligé de reconnaître que les hommes quelque peu réfléchis poussent rarement à bout les conséquences qui découlent naturellement des opinions qu'ils ont adoptées. Tel qui, par système, nie la propriété et ses droits est incapable par caractère d'empiéter si peu que ce soit sur le bien d'autrui et fait à l'occasion un fonctionnaire incorruptible. Tel qui soutient que tous nos actes dérivent de l'intérêt et de l'égoïsme, sera le plus désintéressé et le plus dévoué des amis. Si nous nous élevons plus haut encore, il nous est facile de constater que tels philosophes, qui par l'opposition de leurs doctrines devraient être ennemis mortels l'un de l'autre, sont fort bons amis. A l'inconséquence se joint chez eux, disons-le aussi, une qualité qui repose sur l'expérience : ils savent qu'en somme ils savent fort peu de chose et qu'ils se trom-

pent fort souvent tous deux : ils sont
devenus tolérants.

Mais les considérations précédentes
ne changent rien au fond des choses. Il
n'en tombe pas moins sous le sens que
dans une société civilisée, la loi morale,
qu'elle concerne l'individu isolé ou la
collection des individus, ne peut exister
sans la notion d'une responsabilité future. Hors de là, l'équilibre de la société
ne pourra se maintenir qu'à la condition
que chacun reconnaisse clairement que,
tout en étant même le plus fort, il a encore un intérêt personnel à ne pas abu-
ser du plus faible. Quoi qu'on en puisse
dire, ce bienheureux résultat serait fort
long à atteindre.... Mais il est bien inutile
d'y aspirer. La notion d'une vie future et
par conséquent d'une responsabilité future ne pourra que se développer et
s'épurer avec les progrès de la Science,
car le matérialisme, je le répète, n'a plus
droit de cité dans la Science. Il ne suffit

plus, et pour vrai, il n'a jamais pu suffire
aux aspirations de la raison et du cœur,
chez les êtres intelligents — ce-qui, je
l'avoue très volontiers, ne serait pas une
objection scientifique — mais il ne suffit
non plus à l'interprétation correcte du
plus minime des phénomènes du monde
physique; il trouve aujourd'hui sa réfutation la plus éclatante dans l'étude du
monde inorganique lui-même.

Je ne sais, cher Monsieur Büchner,
l'impression que vous laissera cette lettre,
si longue comme lettre, si courte comme
démonstration. Je ne sais si chez votre honorée amie (terriblement endurcie, bien
qu'elle dise avoir eu besoin de votre appui), j'aurai réussi à amener le fléau de
la balance vers la ligne horizontale. Il
est un point de la discussion où j'irai
toutefois au-devant de vous. Vous pour-
rez me dire qu'en admettant même que
la chute du matérialisme soit, comme je
le soutiens, un fait scientifiquement ac-

compli, toutes les questions, celles même
de l'ordre que vous examinez dans votre
collection de lettres, ne sont pas résolues
pour cela qu'il se posera toujours de
nombreux mystères devant nous, que le
doute obsédera toujours notre esprit. —
En ce sens, nous sommes pleinement
d'accord. Le doute restera à jamais l'hôte
de tout cerveau intelligent. Ne nous plai-
gnons pas trop pour cela. L'homme qui
ne douterait plus serait un ange ou un
démon. Bornons-nous provisoirement à
être d'honnêtes gens. Le doute est sans
doute un hôte parfois fort incommode;
mais du moins il n'abolit pas l'espérance.
Soyons d'ailleurs justes et convenons que
c'est le grand ressort du progrès. Le savant qui croit savoir ne cherche plus. Sur
cette affirmation, bien radicale, nous pouvons, cher Monsieur Büchner, nous donner la main sans crainte de collision.

G.-A. HIRN.

Colmar, 10 juillet 1889.

LA VIE FUTURE

ET LA SCIENCE MODERNE

Un groupe tout à l'heure était là sur la grève,
Regardant quelque chose à terre. — Un chien qui crève !
M'ont crié des enfants; voilà tout ce que c'est. —
Et j'ai vu sous leurs pieds un vieux chien qui gisait.
L'Océan lui jetait l'écume de ses lames. —
Voilà trois jours qu'il est ainsi, disaient les femmes;
On a beau lui parler, il n'ouvre pas les yeux. —
Son maître est un marin absent, disait un vieux.
Un pilote, passant la tête à sa fenêtre,
A repris : — Ce chien meurt de ne plus voir son maître.
Justement le bateau vient d'entrer dans le port :
Le maître va venir, mais le chien sera mort. —
Je me suis arrêté près de la triste bête,
Qui, sourde, ne bougeant ni le corps, ni la tête,
Les yeux fermés, semblait morte sur le pavé,
Comme le soir tombait, le maître est arrivé,
Vieux lui-même; et hâtant son pas que l'âge casse,
A murmuré le nom de son chien à voix basse.
Alors, rouvrant ses yeux pleins d'ombre, exténué,
Le chien a regardé son maître, a remué
Une dernière fois sa pauvre vieille queue,
Puis est mort. — C'était l'heure où, sous la voûte bleue,
Comme un flambeau qui sort d'un gouffre, Vénus luit;
Et j'ai dit : d'où vient l'astre ? où va le chien ? ô nuit!

(VICTOR HUGO, *Les Quatre Vents de l'Esprit.*)

CHER AMI,

Vous me demandez quelles sont les preuves de l'immortalité de l'âme que nous fournit aujourd'hui l'ensemble des sciences physiques et exactes.

Presque au terme de sa carrière, Gluck exposait un jour à un ami le plan d'un grand Oratorio, qu'il avait conçu et qu'il voulait achever encore. Une question de détail arrêtait l'artiste consciencieux. « Quelle voix faut-il donner au Christ ? » Le critique et l'homme de génie discutaient depuis un bon moment sans arriver à une réponse satisfaisante, lors-

Cette lettre forme la suite et le complément naturel d'une réfutation scientifique du Matérialisme, que j'ai donnée dans le dernier chapitre d'un mémoire présenté récemment par moi à l'Académie de Belgique. J'ai lieu d'espérer que ce travail ne tardera pas à paraître.

(Ce mémoire, publié en 1882 et tiré à part, se trouve chez M. Barth, à Colmar).

que Gluck s'écria en souriant et en se frappant
le front: « Le mieux est que j'aille m'informer
moi-même là-haut! »

Arrivé à cette époque de la vie qu'il n'est,
d'après Salomon, permis qu'aux rois, qu'aux
puissants de la terre de dépasser, je serais
bien tenté de vous dire comme Gluck : «Atten-
dez quelques instants, mon ami, je vais chercher ma réponse plus haut ! »

C'est une bien lourde tâche que vous
m'imposez, en vérité. Un esprit pusillanime
prétexterait même que, dans le milieu où nous
vivons, la question est quelque peu périlleuse
à poser, et surtout à aborder dans les termes
voulus. Ne voyez-vous pas, en effet, la foule des
gens bien pensants sourire ironiquement ou
prendre des airs indignés, à la seule expression de votre désir ? Un ministre de l'Evangile
quérir des preuves de l'immortalité de l'âme!
Et auprès de qui ? Chez un de ces chercheurs
qui ne se font nul scrupule de tout discuter, de
mettre en doute tout ce qu'il y a de plus res-
pectable, chez un de ces maudits auxquels
nos aïeux, plus fermes croyants que nous,
donnaient sans long procès sur le bûcher, un

avant-goût des flammes qui les attendent ailleurs !

Ne nous laissons pas intimider par la tourbe des gens bien pensants. Nous savons ce que valent les apparences. Vous croyez *a priori* à l'immortalité de l'âme : et vous avez raison. Dans cet *a priori*, nous reconnaîtrons bientôt ensemble une des plus belles preuves que la Science puisse fournir. Mais votre ferme croyance ne vous jette pas dans l'illusion. En de certaines régions de notre monde civilisé, nous voyons, il est vrai, s'épanouir, lorsqu'il en est besoin, les sentiments religieux les plus ardents, les plus féroces : je pourrais aisément légitimer l'union de termes qui pourtant devraient à jamais s'exclure l'un l'autre. Mais si nous descendons de la théorie à la pratique, de l'apparence à la réalité ; si, avec toute l'indulgence possible d'ailleurs, nous jugeons de l'arbre d'après ses fruits, la triste réalité nous apparaît toute nue. Nous sommes frappés du désaccord qui règne partout entre les principes professés et les actes ; nous voyons, chez le grand nombre, s'effacer les sentiments les plus élémentaires du devoir, et nous

sommes légitimement amenés à suspecter la
solidité de cette foi dont on fait étalage et
dont on blâme si violemment l'absence sup-
posée chez le prochain. Tous les jours, hélas!
dans l'exercice même de votre saint ministère,
comme dans l'examen un peu attentif de ce
qui se passe autour de vous, n'arrivez-vous
pas à cette triste certitude : c'est que la notion sur laquelle aujourd'hui vous interrogez
la Science est bien loin d'être aussi solide,
aussi élémentaire, dans nos sociétés, qu'il ne
le semble?

Ne nous préoccupons donc pas de l'opinion
des gens trop bien pensants. Poursuivons,
chacun dans sa voie, notre but commun. Dans
la recherche de l'ordre de preuves que vous
me demandez, j'ai mis à la fois toute l'humilité,
toute la réserve, mais aussi tout le courage
et toute la franchise que commande un tel
sujet. Dussions-nous, à l'occasion, soulever les
colères de quelques hypocrites, nous pouvons
du moins être assurés tous deux que pas une
âme honnête ne nous blâmera.

Bien des personnes disent : « Que peut la
Science pour relever le courage de l'homme

malheureux, pour sécher nos larmes après la perte d'un être aimé? Y a-t-il quoi que ce soit en elle qui puisse tenir lieu de la foi en une autre existence et de l'espoir d'un revoir plus ou moins prochain?»

Ainsi posée, la question est presque dérisoire. Il faudrait en vérité avoir vécu exceptionnellement heureux, disons plutôt, il faudrait ne pas savoir aimer, pour ignorer qu'il est des vides qu'aucune science ne peut combler. Posons toutefois l'interrogation comme le bon sens nous le commande, et disons :

« La Science, considérée comme la somme de toutes nos connaissances actuelles sur les phénomènes de la nature, augmente-t-elle, ou diminue-t-elle, ou détruit-elle notre foi en une existence ultérieure?»

Sous cette forme, la seule sensée qu'elle puisse recevoir, la question prend un caractère grave et inquiétant. Posez-la à des savants pris au hasard dans le nombre, mais *loyaux* et *indépendants* de caractère, et elle recevra des réponses diverses, peut-être radicalement opposées. — «La Science n'est donc pas d'accord avec elle-même? Il existe donc

plusieurs sciences? » dira-t-on. Non certes. Il
n'existe réellement qu'une science, mais les
conclusions que chacun en tire, quant aux
causes premières des phénomènes, quant à la
nature propre des êtres, sont fort différentes.
— Je le sais, une partie, une bonne partie
même des hommes qui, dans nos sociétés, ont
pour mission d'enseigner la religion et les lois
de la morale, adoptent une argumentation
simple et commode : « Ceux qui sont d'accord
avec nos affirmations et nos textes, disent-ils,
possèdent la vraie science; les autres sont de
faux savants et ne professent que la fausse
science. » De cette façon, on est sûr d'avoir
toujours raison. Malheureusement cette forme
d'argumentation a perdu tout son poids, et
elle nuit même plus qu'il n'est possible de se
le figurer à la cause qu'on veut défendre.

Avant de chercher en quels points et pourquoi la Science semble prendre des voix différentes selon ses interprètes, arrêtons-nous sur
les points où elle n'a qu'une voix. Mettons
surtout en relief les modifications que l'étude
sérieuse de la nature introduit presque à notre
insu dans notre manière de raisonner et

de juger : _modifications tellement profondes qu'elles différentient radicalement l'homme de science, disons par abréviation le « Savant », et celui qui, à intelligence égale d'ailleurs, est resté étranger à l'étude des sciences naturelles et que, sans aucune arrière-pensée d'ironie, nous pouvons appeler « Laïque ». Ce n'est ni une digression ni même un préambule dont il s'agit, c'est un sentier direct vers notre but que nous ouvrons ainsi.

On ne discute plus guère aujourd'hui sur les six jours de la création, de Moïse ; et le dernier balayeur d'un observatoire sait à quoi s'en tenir sur la prééminence de notre Terre parmi les mondes. Il n'en est pas moins vrai que la notion de création est absolument diffé-rente chez le laïque de ce qu'elle est chez le savant. Pour le laïque, la manifestation de la TOUTE-PUISSANCE réside surtout, pour ne pas dire uniquement, dans la structure, dans les formes qu'affectent les divers corps célestes. La Terre, avec tout l'ensemble des phéno-mènes qui s'y passent, saisons, jours, nuits, la Lune, les Planètes avec leurs mouvements, le Soleil..... sont les résultats d'actes immédiats de la Puissance Créatrice. On concède volontiers que les six jours classiques répondent à des périodes plus ou moins longues; mais chacune de ces périodes est considérée comme le témoignage d'une *intervention nouvelle* et nécessaire du Créateur. Pour le savant, le seul acte nécessaire de la Toute-Puissance, c'est la création des Éléments constitutifs des êtres, avec leurs propriétés, et avec une coordination première qui, quant aux formes, n'a aucune ressemblance avec ce que nous avons aujourd'hui sous les yeux. C'est le FIAT LUX étendu à tout ce qui se trouve de réel dans l'espace: MATIÈRE, FORCE, VIE...... Pour le savant, l'Univers, tel qu'il se présente à nos regards, est le résultat d'un *développement successif.* Les éléments, d'abord dispersés dans l'espace, se sont peu à peu rapprochés de façon à affecter des formes distinctes; mais tout l'Univers se trouvait, en *virtualité*, dans une nébuleuse diffuse primitive, et il s'y est formé par suite des lois précises imposées aux éléments. Avancer que la Terre, la Lune, le Soleil, les Etoiles ont été créés tels quels de toutes pièces, est pour le savant une assertion aussi risible que celle qui consisterait, par exemple, à dire au laïque : « Une dent a été *créée* à votre enfant. » (Que l'on me pardonne la familiarité de la comparaison, plus correcte d'ailleurs qu'il ne semble.) — En un mot, pour le savant, la création se réduit à un *seul* acte de la Toute-Puissance ; pour le laïque, elle représente une suite d'actes multiples. Entre ces deux notions, il existe un abîme.

Allons plus avant encore dans notre examen. — Pour le savant, disons-nous, le fait à jamais incompréhensible, c'est l'apparition de la Substance constitutive des êtres, là où se trouvait le vide absolu, le néant. Ce fait incompréhensible a son parallèle rigoureux : ce qui une fois a reçu l'existence ne peut rentrer dans le néant.

Pour le laïque, la permanence de ce qui se manifeste à nous dans l'espace et le temps n'est nullement une nécessité première.

On voit, par exemple, l'eau contenue dans un vase ouvert diminuer peu à peu et finir par disparaître ; l'idée de *l'anéantissement* de l'eau ne répugne nullement au laïque ; il ne voit pas le moins du monde pourquoi le même phénomène né se produirait pas dans un vase fermé; il se demande avec inquiétude pourquoi l'eau de l'Océan tout entier ne finirait pas aussi par disparaître. Si je cite cet exemple, c'est parce que la question m'a été posée des centaines de fois par des laïques fort intelligents.

Pour l'homme de science, il n'y a ici qu'un changement d'état, de forme. L'eau passe de l'état solide (glace) ou de l'état liquide à l'état gazeux (vapeur) invisible, sans nulle modification dans sa quantité et par le seul fait de l'action d'une puissance insaisissable, la chaleur. Le gaz aqueux ne pouvant traverser les parois d'un vase fermé (cristal, verre, etc.), l'évaporation est impossible. — Par suite de leur pesanteur, aucun des corps qui font partie de notre terre, qu'ils soient solides, liquides, ou gazeux, ne peut la quitter définitivement. Notre planète, tout en volant à travers l'espace avec l'effrayante vitesse de trente kilomètres à la seconde, constitue de fait, par l'action de la gravitation, un *vase fermé* : rien de la matière qui la constitue ne peut la quitter.

On voit le corps d'un être vivant, d'un ani-

mal, d'un homme, arrivé à son entier développement, rester à peu près tel quel pendant
un laps de temps plus ou moins long : pour
le laïque, ce corps est toujours le même ; pour
le savant, la forme seule est à peu près invariable et les éléments de ce corps se re-
nouvellent maintes et maintes fois pendant
l'existence organique de l'être ; ils ne font que
changer de lieu dans l'espace ; ils passent d'un
être dans un autre, sans varier 'a moins du
monde en quantité. — Arrive un moment
solennel, effroi de tout ce qui vit : le corps
animé passe sous les lois du règne inanimé ;
il se décompose, diminue peu à peu, et finit
par laisser pour résidu un peu de terre ! Pour
le laïque, il y a ici anéantissement de tout ce
qui tombait sous nos sens ; le corps, dit-on, se
dissipe. Pour le savant, il n'y a que dispersion,
changement d'état ; pas un seul des éléments
constitutifs de l'être vivant ne peut rentrer
dans le néant. S'il est doué d'un élément spécifique qui lui donne le titre d'Être vivant,
cet élément ne peut disparaître.

Je fais un pas de plus, un pas immense, il
est vrai ; il constitue une des plus grandes

conquêtes de la Science moderne. Nul de nous, le savant le plus profond pas plus que l'homme le plus inculte, ne sait ce que c'est que le mouvement, ne sait ce qu'il y a de plus ou de moins dans un corps qui se meut, qui change sans cesse de position, que dans un corps en repos. Il était impossible même à l'intelligence la plus pénétrante de fixer *a priori* les conditions de production, d'existence et de disparition du mouvement. Pendant des siècles, pour le laïque comme pour le savant, le mouvement semblait pouvoir être détruit sans résidu. Pour l'un comme pour l'autre, la pluie, la neige, la grêle tombant de la nue, l'eau d'une cascade, le projectile allant frapper un rocher.... perdaient purement et simplement ce qui les animait, passaient de l'état de mouvement à l'état de repos, sans qu'il se produisît quoi que ce fût en place de ce qui était ainsi anéanti. Cette idée, aujourd'hui, est reléguée au rang des erreurs les plus radicales qui aient jamais eu place dans la Science. Le mouvement pas plus que la Matière, pas plus que la Substance en général ne peut être à proprement parler anéanti : lorsqu'il disparaît, quelque chose le

remplace, qui lui équivaut rigoureusement.
Lorsqu'une balle lancée par une arme à feu
va s'aplatir contre un roc, ou accomplir son
œuvre de mort dans le corps d'une victime,
son mouvement n'est nullement perdu dans la
nature, comme le pense le laïque : au moment
même où le mouvement cesse, il se produit
quelque chose qui le représente intégralement;
il se produit de la chaleur en quantité telle
que, dans certaines conditions déterminées,
cette chaleur peut reproduire précisément le
mouvement détruit.

Si, par impossible, la Terre venait à être
rencontrée dans sa course par un globe semblable à elle, en grandeur et en vitesse, elle
ne serait pas *brisée*, comme on l'a dit parfois : la chaleur produite par le choc serait
telle que les deux sphères se réduiraient
instantanément en gaz incandescent.

L'idée du mouvement perpétuel, du travail
sans dépense, n'a rien qui répugne au laïque :
beaucoup cherchent encore à la réaliser. Pour
l'homme de science, elle est devenue l'erreur
la plus monstrueuse qui puisse traverser un
cerveau.

Ainsi, non seulement la quantité totale des éléments présents dans l'Univers est une constante, mais la somme des mouvements traduits numériquement par le travail mécanique qu'ils représentent est elle-même invariable. C'est ce qu'on exprime aujourd'hui en une seule phrase, solennelle de concision : L'ÉNERGIE DE L'UNIVERS EST UNE CONSTANTE.

Je me résume en peu de mots.

Pour le laïque, l'apparition spontanée de quelque chose qui n'existait pas, l'anéantissement spontané de quelque chose qui existait, sont non seulement des possibilités, mais des faits qu'il croit voir se produire presque journellement. Pour l'homme de science, ce double phénomène est une impossibilité absolue ; sa seule conception constitue une absurdité ; et l'énergie plus ou moins grande avec laquelle l'esprit proteste contre elle peut servir de mesure à la portée du bon sens et de la pénétration du savant moderne.

Cette conviction, que dis-je ! cette certitude qu'acquiert peu à peu l'homme de science quant à l'indestructibilité absolue de tout ce qui a reçu l'être, forme chez lui la base la plus

solide du sentiment religieux, à la seule condition qu'il obéisse toujours aux saines et
saintes lois de la raison, et qu'il ne laisse
point intervenir le fol orgueil, avec les systèmes préconçus qu'il engendre.

Aux saines et saintes lois de la raison!
Cette expression, je n'en doute pas, fera
se récrier plus d'un de nos lecteurs, et dans
les rangs les plus opposés.

« Que peut, nous diront les croyants, que
peut la raison dans ces régions qui appartiennent au surnaturel, au mystère, et que la
conscience humaine n'ose sonder que sur les
ailes de la foi! »

« L'intelligence la plus pénétrante échoue,
lorsqu'elle prétend remonter à l'essence des
choses. *Ignorabimus in æternum!* » Tel est,
d'un autre côté, le verdict lancé sous toutes
les formes par les chefs des écoles matérialistes modernes!

Étrange sort que celui de la pauvre raison
humaine! C'est bien à elle que chacun applique,
sans le savoir, ce que Pascal disait à l'homme
complet : « Si tu t'élèves, je t'abaisse; si tu
t'abaisses, je t'élève! » Sublime privilége, bien

3

plutôt. Ceux-là mêmes qui la condamnent s'inclinent devant ses arrêts; ceux-là mêmes qui la foudroient au nom de tel ou tel dogme seraient honteux si ce dogme n'avait pas sa sanction.

Quel est le croyant le plus naïf qui ne soit indigné quand on lui prête l'humiliant : *credo quia absurdum*, « je crois, parce que c'est absurde? » Quel est celui qui consente même à dire : « je crois, quoique ce soit absurde! » C'est cependant la raison qui décide en souveraine de ce qui est absurde ou non.

Et au nom de quelle règle, le positiviste, tout comme le matérialiste, prétend-il poser des limites précises au domaine de l'intelligence? N'est-ce point encore la raison qu'on invoque elle-même ici pour se déjuger, pour se condamner dans ses plus sublimes aspirations?

J'ai dit les lois de la raison. A un point de vue tout à fait général, il en existe, en effet, plus d'une. Au point de vue plus limité où nous sommes placés ici, si sublime que soit d'ailleurs le but que nous poursuivons, ces lois se réduisent à une seule, et au terme ambitieux de loi, nous pouvons substituer le terme beaucoup plus modeste de règle du bon sens. Pour peu que nous observions et que nous jugions sainement et impartialement toutes les opinions que nous voyons se produire autour de nous, nous reconnaissons aisément que la seule règle pour ainsi dire qu'ait à suivre l'homme de science pour ne pas s'égarer, consiste à savoir tenir un milieu entre deux excès opposés, aussi déraisonnables l'un que l'autre.

Le laïque en général accepte sur la foi de l'autorité, et sans nul examen, une multitude d'assertions qu'il se reconnaît absolument inapte à comprendre. Bien des savants, n'hésitons pas à le dire, sont dans le même cas, et il n'y a de différence que quant à l'espèce d'autorité, que quant à l'espèce d'assertions acceptées. D'un autre côté, un très grand nombre d'hommes de science ont la prétention de n'accepter pour vrai que ce qu'ils comprennent, ou plus correctement que ce qu'ils croient comprendre, et se refusent absolument à admettre ce qu'ils ne peuvent saisir. La vraie sagesse, disons le bon sens de l'homme de science, consiste à peu près exclusivement à n'admettre une interprétation que sur des preuves positives, incontestables, mais aussi, lorsqu'une fois ces preuves ont acquis ce caractère, à ne plus rejeter une interprétation par cette seule raison qu'elle sort des bornes de notre intelligence.

Je ne citerai qu'un seul exemple, comme justification de cette assertion.

A partir de l'époque où il fut prouvé que notre Terre n'est point une surface plane indéfinie, mais qu'elle a la forme d'une sphère, il fut, ou du moins il eût dû être tout aussi bien prouvé qu'il existe une puissance insaisissable retenant à la surface de cette sphère tous les corps distincts qui s'y trouvent, qui donne à ces corps leur poids, qui semble les pousser vers le centre de la sphère. L'immense découverte de la gravitation universelle ne consiste en aucune façon, quoi qu'on le dise bien souvent, à avoir imaginé quelque explication quant à la nature de cette puissance, à en avoir fait une attraction, à l'avoir appelée gravitation. La gloire immortelle de Newton, c'est d'avoir affirmé que la puissance qui retient les corps à la surface de notre Terre est aussi celle qui retient les Planètes, les Satellites, dans leurs orbites, qu'elle est relative à chaque particule de matière, qu'elle est proportionnelle en intensité à la quantité de matière présente, qu'elle s'étend à l'infini autour de toutes les sphères du firmament, en diminuant seulement en énergie suivant une loi précise, à mesure que les distances de chaque sphère s'accroissent.

Entre deux corps qui tendent l'un vers l'autre à distance, il se trouve nécessairement quelque chose qui établit le rapport nous apparaissant comme une attraction (Newton.) Quelle est la nature de ce quelque chose? — A la surface de cette Terre, laïques et savants, nous nous sentons tous trop assujettis à la pesanteur pour qu'il passe par la tête de quelqu'un de contester l'existence de cette force. Le laïque ne s'en préoccupe guère et trouve le fait très naturel. Le savant est-il plus avancé de ce côté? Non certes. Disons-le bien haut, tout ce qui a été proposé jusqu'ici comme explication quant à cette cause mystérieuse, se réduit à des puérilités. Récemment, dans un travail spécial, j'ai réduit à l'absurde, pour ne pas dire davantage, une interprétation proposée avec emphase par l'école matérialiste. Le rôle du savant se réduit à peu près exclusivement à prouver ce que *cette cause n'est pas*; à montrer, par exemple, qu'elle ne dérive d'aucune matière invisible, en mouvement ou en repos, interposée.

Le savant le plus rebelle est donc obligé, dans le monde physique même, d'accepter comme fait démontré *l'existence de quelque chose d'invisible, d'impalpable, d'insaisissable, dont il ne comprend ni la nature, ni même le mode d'action.* — Si la discussion attentive de faits bien démontrés l'amène à conclure l'existence d'autres éléments, ce n'est donc pas parce qu'il ne comprend pas leur nature qu'il a le droit de les rejeter.

Nous voici arrivés, sans qu'il le semble même, au cœur de la sublime recherche qui nous occupe. — Mais une digression se présente d'abord d'elle-même à nous.

Lorsqu'on admet l'existence d'un Dieu, créateur de toutes choses, l'existence de l'âme et son immortalité deviennent des consé-

quences naturelles..... forcées. Il serait difficile
de dire à cet égard quelque chose qui n'ait
pas été dit et redit déjà sous toutes les formes.
Les démonstrations, tout comme les plus simples
raisonnements que l'on peut donner en ce sens,
sortent absolument du domaine de la Science
et appartiennent de plein droit au laïque
aussi bien qu'au savant. Je me permets d'a-
jouter que le rapport de ces deux existences,
dont l'une est primordiale et infinie dans son
essence même, est une relation de cause à
effet dont l'évidence ressort d'elle-même et
est supérieure à toute démonstration.

Lorsqu'on admet l'existence de l'âme, celle
d'un Être infiniment supérieur, d'où découle
toute existence, devient aussi une conséquence
nécessaire. Ce rapport inverse, quoique tout
aussi évident que le premier, a, si je ne me
trompe, été moins souvent, et moins bien si-
gnalé que le premier; bien qu'il ne soit guère
moins frappant. Démontrer l'existence d'un
Principe supérieur, cause de tout l'ensemble
des phénomènes psychologiques chez l'homme,
démontrer même seulement l'existence d'un
tel Principe, cause de certains phénomènes

psychiques que présentent à un plus ou moins haut degré tous les êtres organisés sans exception, c'est démontrer par contre-coup l'existence de Dieu. Toutefois la conception de ce rapport appartient comme celle du premier à tous les hommes, et non pas seulement à l'homme de science. Nous n'avons pas non plus à nous y arrêter.

Le lecteur doit être étrangement surpris de m'entendre appeler digression les lignes précédentes. La raison de cette dénomination est fort simple cependant. L'homme de science, en se renfermant temporairement dans la méthode d'examen qu'il emploie exclusivement dans l'étude des sciences naturelles, peut et doit considérer chaque être abstractivement, dans les éléments qui le constituent et dans leurs propriétés. En ce sens, pour le savant :

Démontrer qu'il existe chez tout être vivant un Élément spécifiquement distinct de ceux qui donnent lieu aux phénomènes du monde physique, c'est avoir démontré par contre-coup la durée de cet Élément au delà des bornes de l'existence organique, c'est avoir assuré l'éternité de la vie sous une forme ou une autre. — Avoir constaté que cet élément vital constitue, non un principe diffus, partout répandu comme· l'est, par exemple, la force gravifique autour des atomes des corps, mais une unité, douée de propriétés spécifiquement distinctes d'un être vivant à un autre, et avoir démontré· que ces propriétés vont en s'élevant d'un échelon à l'autre du règne organique, c'est avoir assuré non seulement la durabilité de l'élément Vie, mais celle de son *unité* distincte.

Rien de ce qui a une fois reçu l'être ne pouvant s'éteindre, il n'y a qu'un sot ou un hypocrite qui, croyant ou feignant de croire à l'immortalité humaine, puisse s'imaginer que la faux du trépas mette fin à l'existence de nos frères inférieurs.

Pour le savant, disons-nous, avoir démontré l'existence de notre âme, c'est en avoir assuré l'immortalité. Hâtons-nous d'ajouter qu'une immortalité conçue ainsi abstractivement et en quelque sorte comme un fait physique, prend un caractère presque effrayant. Si homme de science qu'il puisse être, le savant est en même temps laïque comme tout le monde, il tient non seulement à se survivre, mais à se survivre dans des conditions de progrès en toutes les formes, et selon toutes ses aspirations. Un tel espoir, il ne peut l'acquérir qu'en s'en remettant à la notion d'un Être infiniment supérieur en qui réside toute justice et toute bonté. Démontrer l'immortalité humaine, sans remonter en même temps à la notion de l'existence de Dieu, serait accomplir une œuvre presque aussi effrayante que de démontrer notre néant.

Les démonstrations de l'existence de Dieu, depuis les plus éloquentes jusqu'aux plus sèches ou arides, depuis les plus sublimes jusqu'aux plus puériles ou naïves, ont été épuisées depuis longtemps, en dehors du domaine des sciences. Ici encore, il serait difficile de produire quoi que ce soit qui n'ait déjà été bien ou mal dit.

Dans le domaine de la Science proprement dite, les preuves sont de deux ordres bien distincts. Les unes reposent sur l'étude de l'harmonie générale que nous révèle l'Univers, sous toutes les faces. Les autres reposent sur l'étude de l'origine possible des Êtres. Pour une intelligence tant soit peu cor. plète, ces deux ordres de preuve ont, je pense, une portée à peu près égale; elles se valent. Toutefois si nous prenons les choses dans leur généralité, nous reconnaissons qu'elles s'adressent à deux classes d'esprit différentes. Les premières revêtent à un haut degré le caractère de l'art ; quoique évidentes de vérité, elles sont plutôt senties que raisonnées; et par cela même, elles échouent absolument contre certains esprits : ceux-là précisément qu'il faudrait le plus convaincre. L'étude de notre. système solaire, la seule vue d'un être organisé, le seul aspect du corps humain, par exemple, nous conduisent forcément à l'idée d'une unité de plan harmonieux où toutes les parties sont solidaires et concourent à un même but d'ensemble nécessairement *préconçu*. Mais devant cet ordre de preuves, si sublimes qu'elles puissent être, toute une école nous répond : « Ce que vous appelez harmonie, unité, plan d'ensemble préconçu, ne sont que les conditions strictement nécessaires à la durée des choses. Si ce que vous appelez si pompeusement harmonie ne s'était pas éta-

bli dans le monde solaire, ce monde se serait
détruit peu à peu et vous ne sauriez rien de
son passé qui n'en serait pas moins une réalité. Si le corps humain dont vous admirez
tant la structure n'était pas tel qu'il est, il ne
pourrait subsister tel quel dans le milieu où
il s'est produit et vous n'en sauriez plus rien,
car vous ne sauriez pas penser. »

J'aurai à revenir plusieurs fois encore sur
ce mode de raisonnement. Il est clair que
ceux qui y recourent manquent absolument
du sens du beau et que dès lors tout raisonnement fondé sur cet ordre de sentiments
tombe à faux pour eux.

Il faut bien le dire d'ailleurs, de très grands
et de très petits écrivains ont si souvent et
si étrangement abusé des considérations sur
les causes finales, qu'elles sont devenues presque suspectes à bien des savants pourtant
fort sensés, et doués du sens du beau. Dans
l'étude impartiale des relations réciproques
des êtres vivants, nous nous heurtons maintes
fois à des énigmes insondables dont la seule
vue jette le trouble et la terreur dans l'âme
du penseur : la souffrance, la douleur, le mal

sous toutes ses formes semblent en bien des
cas être le but que s'est proposé la nature.
Sans doute nous interprétons mal dans ces
cas. Mais s'obstiner, comme on l'a trop fait,
à parler de l'harmonie providentielle, alors
que notre esprit fait de vains efforts pour
apercevoir un rayon de lumière, c'est s'exposer à prouver tout le contraire de ce qu'on
voulait.

Les preuves du second ordre, celles qui reposent sur l'étude de l'origine possible des
Êtres, ont, contrairement aux précédentes,
un caractère exclusivement scientifique, je
dirais presque mathématique. Je m'y arrête,
parce qu'il me semble qu'il est possible de
les   npléter, de leur donner un caractère
plus décisif qu'on ne l'avait fait jusqu'ici,
parce qu'en un mot, ce sont les seules auxquelles il y ait quelque chose à ajouter.

Pour bien faire ressortir les preuves de
cet ordre, je dois, au risque même de me
répéter en partie, accentuer aussi fortement
que possible ce que j'ai montré dès le
début.

Pour le laïque, la Création, considérée dans

ses résultats, est l'apparition subite des Êtres qui forment l'Univers : l'œuvre du Créateur porte, sinon exclusivement, du moins principalement sur la forme, sur les apparences de ces Êtres. Lorsqu'on dit : Dieu créa les Étoiles, le Soleil, la Lune, la Terre....., le laïque voit ces astres sortir du néant avec l'aspect qu'ils affectent actuellement pour nous et qui leur a fait donner leurs divers noms. La splendeur du ciel étoilé, la beauté des paysages qui ornent la surface de notre terre..... sont pour lui les résultats immédiats, et en quelque sorte palpables, de l'intervention du Grand Ouvrier.

'Pour le savant, le plus pieux d'ailleurs, le Monde, tel qu'il est aujourd'hui dans tout son ensemble, n'est qu'une des phases d'un long développement antérieur, s'opérant depuis des millions de siècles, d'une manière tantôt graduée et insensible, tantôt plus rapide et par périodes. Il a commencé en quelque sorte par un germe, par ce que les astronomes appellent une *nébuleuse irréductible*, c'est-à-dire par un amas diffus de Matière cosmique. L'Univers, dans sa totalité, est un arrange-

ment des Éléments créés, arrangement splen-
dide et magnifique, mais conséquence des
propriétés de ces Éléments. Ceux-ci étant
une fois admis tels quels, diffus et sans ordre
dans l'Espace, mais avec toutes leurs qualités
propres, les Mondes se sont formés et déve-
loppés à leur dépens en vertu d'une loi primordiale qui leur était imposée.

Pour le laïque, qui admet volontiers que
quelque chose peut naître ou s'anéantir spontanément, et qui croit même assister journellement à ce phénomène, la création des Substances, des Éléments qui constituent les Êtres
est pour ainsi dire à l'arrière-plan; c'est la
disposition, le groupement admirable, c'est l'a-
gencement merveilleux de ces Éléments qui
constitue l'œuvre principale du Créateur.

Pour le savant qui sait que rien de ce qui est
ne peut cesser d'être, c'est la création de la
Substance en général, avec ses propriétés, avec
les lois qui la gouvernent, qui seule constitue
l'acte essentiel, et sans nulle comparaison humaine possible, de l'Être suprême.

Un abîme, nous l'avons dit, sépare ces deux
manières de concevoir la Création. La pre-

mière, disons-le hardiment, est à la portée de notre intelligence. Dieu y joue le rôle d'un artiste, certes sans pareil; mais nous pouvons comprendre l'œuvre, car il ne s'agit relativement à nous, que d'une supériorité de puissance, si grande qu'on veuille d'ailleurs. Dans la seconde, qui est la seule scientifiquement admissible, l'œuvre nous apparaît avec un caractère incompréhensible qui ne peut que *s'imposer* à nous. Il ne s'agit plus d'une simple différence de puissance, si grande qu'on veuille, entre Dieu et l'homme, il s'agit d'une différence absolue de nature. L'homme ne pouvant, dans l'ordre physique, ni rien créer ni rien anéantir, ne peut comprendre cette faculté chez le Créateur; l'intelligence la plus pénétrante échoue dès qu'elle essaye de l'expliquer; elle ne peut que l'accepter, la subir comme une nécessité. L'un des croyants les plus sincères du xviie siècle, l'un des génies les plus puissants dont l'humanité puisse se glorifier, Leibnitz, se trouvant en face de cette difficulté, a affirmé que Dieu ne peut créer qu'aux dépens de sa propre substance. Tout l'effort de ce grand esprit abou-

tit, comme on voit, à une négation bien réelle.
Produire les Mondes à ses propres dépens,
ce n'est que modifier, ce n'est que donner une
forme précise et particulière à ce qui déjà existe,
ce n'est plus créer.

Un autre génie immortel, Milton, dans sa
sublime invocation à la lumière, la fait coéter-
nelle avec Dieu[1]. Le grand penseur-poète
va moins loin que Leibnitz; mais l'idée-mère
est la même.

Le savant se trouve ainsi forcément amené
en face de deux hypothèses extrêmes qui s'excluent absolument l'une l'autre.

Ou les SUBSTANCES à l'aide desquelles se
sont organisés les Mondes ont été créées par
un Être tout puissant, antérieur à tout ce qui
existe.

Ou la MATIÈRE est elle-même éternelle, avec
tout l'ensemble de ses propriétés; l'Univers
s'est organisé de lui-même par elle; et Dieu
est inutile.

Entre ces deux hypothèses extrêmes, on

[1] Hail, holy Light! offspring of heaven first-born,
Or of the Eternal co-eternal beam. ...

peut en imaginer, et on en a, en effet, imaginé des milliers d'autres intermédiaires; mais tout esprit logique, ayant le courage d'aller au fond des choses, franchira toujours ces intermédiaires pour aboutir à l'un ou à l'autre de ces pôles opposés.

J'ai dit avec intention et de la façon la plus précise : ou les SUBSTANCES....... ou la MATIÈRE....... Cette distinction, en effet, est formelle. Dans la première hypothèse, on peut et l'on doit logiquement admettre dans l'Univers l'existence de plusieurs espèces d'Eléments, de Principes constitutifs, différents en nature et n'ayant de commun que le caractère de Substance, inséparable de tout ce qui existe. Dans la seconde, au contraire, on est condamné à n'en admettre qu'une, douée des caractères particuliers de ce que nous nommons la Matière; car si l'on y introduit en outre une Substance distincte capable d'agir sur la Matière comme une Puissance externe absolument aveugle, on est amené par la force des faits à y concevoir de plus une Volonté libre et indépendante. C'est ce que ne comprennent nullement bien des spiritualistes modernes qui, sous le prétexte puéril d'établir l'unité dans la Création, ne veulent reconnaître dans l'Univers que la Matière partout identique à elle-même, capable seulement de mouvements variés, mais gouvernée en certains phénomènes par l'ESPRIT. C'est au contraire ce qu'ont parfaitement saisi les chefs les plus distingués de l'Ecole matérialiste.

« En partant de toutes ces considérations, les penseurs précités (Moleschott, Cotta, Drossbach, Du Bois Reymond...) ont défini la force : de simples mouvements variés de la Matière.....

« Quelle conséquence philosophique générale découle de cette constatation aussi simple que naturelle ?

« Que ceux qui nous parlent d'une puissance créatrice, ayant tiré le monde d'elle-même ou du néant, ignorent jusqu'aux plus simples principes d'une philosophie naturelle basée sur l'observation ! Comment aurait-il pu exister une force qui n'apparaîtrait pas dès l'origine avec la Substance, mais qui la gouvernerait arbitrairement et d'après des considérations individuelles ? Bien moins encore des forces

préexistantes et isolées pourraient-elles se por-
ter sur la matière sans forme et sans loi ? Car
nous avons reconnu qu'une existence distincte
entre ces deux choses (la Matière, la Force)
est dans l'ordre des impossibilités ! » (Buchner,
Force et Matière, 1862.)·

La distinction dont je parle étant bien comprise, vers lequel de nos pôles antagonistes
converge la Science moderne ?

Une École, aujourd'hui riche en adeptes,
avoués ou tacites, répond, comme on vient de
voir, que c'est la seconde seule qui est l'expression de la vérité. C'est la seule aussi, dit-
on, qui soit claire ; et tandis que la première,
dans son affirmation essentielle, sort com-
plétement des limites de notre entendement,
la seconde, au contraire, est à la portée de
toute intelligence un peu exercée. Nous ver-
rons bientôt ce qui en est de cette clarté;
examinons d'abord avec toute l'attention possible quel est le degré de valeur réelle de
l'hypothèse.

L'une des objections principales, l'une des
plus spécieuses qu'on ait faites à la première
hypothèse est celle-ci :

«Les substances à l'aide desquelles s'est organisé l'Univers, tel qu'il se présente aujourd'hui à nous, ont été, dit-on, créées à un moment déterminé qui, pour être très éloigné de l'époque actuelle, n'en est pourtant séparé que par un espace de temps fini et défini. Sur quoi s'exerçait donc la Puissance créatrice pendant l'espace de temps infini qui a précédé ce moment ? Est-il raisonnablement admissible que Dieu se soit tenu en repos pendant une éternité ?»

Cette objection qui, à diverses époques, a été reproduite sous des formes variées, mais ayant toutes le même point de départ, cette objection repose en réalité sur une fausse conception des rapports du fini et de l'infini, et au cas particulier des rapports du Temps et de l'Éternité. L'infini n'est pas, comme on essaie si souvent de le représenter, une *exagération*, une *amplification* sans bornes du fini : cette manière de le concevoir est une erreur mathématique radicale. L'infini est, s'il est permis de s'exprimer ainsi, le *contenant* de toutes les formes et de toutes les grandeurs possibles du fini. Entre le contenant et le contenu, il existe une différence absolue de nature, et non pas simplement une différence de mesure. Une accumulation de millions de siècles, une période dépassant en longueur toutes les forces de notre compréhension, n'a pas plus de communauté avec l'éternité qu'une seule seconde.

Pour l'Être existant par sa seule force propre, le Temps ne peut donc être, comme il l'est pour nous, une *durée*; il n'est qu'un *mode*. La Création tout entière, en Temps et en Espace, ne peut constituer une époque et un lieud ans son existence. La seule affirmation d'un repos, antérieur ou postérieur, constitue une absurdité mathématique.

L'objection précédente, absolument nulle en valeur quand elle s'adresse à un Être essentiellement doué d'une volonté libre, devient mortelle à l'hypothèse du Matérialisme. C'est là, il me semble, ce que l'on n'a jusqu'ici pas assez fait ressortir.

L'Univers, tel qu'il est aujourd'hui, n'a pas toujours été tel quel. Il est, avons-nous dit, sorti d'un amas diffus de Matière cosmique répandue dans l'Espace.

D'un autre côté, par hypothèse, la Matière, avec toutes ses propriétés, avec tous ses mouvements, est éternelle. Elle n'est point douée de quoi que ce soit qui ressemble à une Volonté, elle n'obéit qu'à des lois fatales et immuables, ou pour parler beaucoup plus correctement, elle ne peut pas ne pas agir, et elle ne peut agir que d'une certaine manière fatale.

Mais quelque longue qu'ait été la période d'éclosion des Mondes, quelque long qu'on fasse l'intervalle en temps qui sépare les formes actuelles de l'Univers de la forme de. Nébuleuse diffuse, cette période, cet intervalle n'a rien de commun avec l'éternité de la Matière. Lorsque, dans la seconde hypothèse, nous demandons *ce que faisait* la Matière antérieurement à la formation de cette Nébuleuse, nous posons une question qui demeure sans réponse sensée possible. Vainement voudra-t-on imaginer un état de dispersion encore plus complet que celui-là; la période qui séparera ces deux états sera encore susceptible d'une mesure, et sera par conséquent rigoureusement nulle par rapport à l'éternité d'existence et d'action de la Matière.

L'éternité de la Matière et la non-éternité de l'Univers avec ses formes actuelles sont deux faits qui s'excluent radicalement l'un l'autre; elles sont une incompatibilité mathématique.

On peut dire à la vérité, et l'on a, en effet, dit et redit, que le spectacle actuel de l'Univers n'est que l'une des répétitions sans nombre d'un même ensemble de phénomènes périodiques; que tout ce qui nous apparaît aujourd'hui sous forme de Mondes distincts, passera un jour à l'état de ruines, se dispersera dans l'Espace pour reformer une Nébuleuse..... et ainsi de suite à l'infini.

Cette hypothèse auxiliaire, possible il y a peu d'années encore, ne l'est plus aujourd'hui. Si la langue des mathématiques m'était permise ici, je dirais avec M. Clausius : *L'Entropie de l'Univers tend vers un maximum ».* Cette seule phrase, dans sa sévère concision, est plus concluante que les plus éloquentes périodes de Bossuet, de Fénelon, de Châteaubriand....

Je vais essayer, non de la traduire, mais d'en indiquer du moins le sens.

Rien, avons-nous dit, ne peut s'anéantir spontanément dans l'Univers. Le mouvement d'un corps, lorsqu'il est détruit, produit de la chaleur. Réciproquement la chaleur peut produire du mouvement. Les atomes matériels primitivement épars dans l'espace se sont peu à peu rapprochés sous l'empire de l'attraction universelle; mais en se rapprochant ainsi, ils ont acquis des vitesses considérables; de leur concentration, de la destruction de cette vitesse de translation est née une quantité de chaleur colossale et une température telle que toutes les Étoiles, notre Soleil, les Planètes étaient primitivement à l'état de vapeur. C'est par suite de la dispersion graduée de cette chaleur dans l'Espace, c'est par suite de l'abaissement successif de la température, que tous ces corps ont pris leurs formes distinctes et leurs mouvements relatifs.

Cette chaleur dispersée existe sans doute toujours dans l'Espace; mais elle s'y trouve, si l'on peut dire, à un titre inférieur; elle ne peut plus être reconcentrée de façon à ce qu'il en résulte une élévation de température : *elle ne peut plus servir à reproduire la nébuleuse primitive.* C'est là, en un mot, un phénomène qui ne saurait se répéter.

Si, contrairement aux assertions les plus positives de la mécanique céleste, les sphères, dont nous admirons, et avec raison, les mouvements harmonieux, venaient à sortir de leurs orbites, à se heurter, il résulterait de leurs chocs, non pas une pulvérisation, un amas de décombres, comme le laïque serait porté à l'admettre, mais une élévation de température telle qu'elles seraient réduites, du moins partiellement, en vapeur. Mais cette nouvelle réduction en gaz, cette nouvelle production de chaleur ne seraient plus comparables à ce qui avait eu lieu primitivement. Une nouvelle dispersion de chaleur, un nouvel abaissement de température, amènerait encore la formation de corps distincts liquides et puis solides ; mais les mouvements de ces corps seraient incomparablement moindres que primitivement.

En un mot, et pour me résumer, toutes les modifications, toutes les perturbations futures, et d'ailleurs hypothétiques, qui pourront avoir lieu dans l'Univers, ne seront que des pas vers un équilibre final, vers une répartition uniforme de la température de l'espace, et vers le repos des masses de matière pondérable qui ont constitué la nébuleuse primitive et puis tous les astres qui s'étaient formés à ses dépens. La destruction et la réapparition indéfinies des Mondes, tels qu'ils existent aujourd'hui, sont scientifiquement inadmissibles.

L'hypothèse fondamentale et l'hypothèse auxiliaire du Matérialisme sont deux impossibilités, l'une mathématique, l'autre physique. Tout l'ensemble des Mondes, l'Univers, ne peut s'expliquer que par l'intervention d'une Volonté libre, antérieure à tout phénomène, capable, non pas simplement, comme on le dit si souvent, de commander aux éléments — l'homme leur commande aussi dans une certaine mesure — mais capable de donner l'Être à ces éléments, avec toutes leurs propriétés, toutes leurs qualités. La réalité de cette intervention nous apparaît sous la forme d'une vérité mathématique; son affirmation

peut être regardée comme le dernier mot de
la Science moderne, pour tout esprit droit et
indépendant.

Nous venons de voir comment le savant,
placé en face d'une question d'origine, est
condamné, par les seules lois du bon sens, à
admettre l'existence d'un Être dont il ne peut
comprendre l'un des attributs les plus essen-
tiels, et précisément même à cause de cet
attribut. Deux questions menaçantes se présentent ici naturellement à notre esprit. Jusqu'à quelles limites doit s'étendre cette soumission de la raison, à accepter ce qu'elle est
incapable de comprendre? Et puis, a-t-on
jamais proposé, quant à l'origine des choses,
quelque chose de plus compréhensible que ce
que nous venons de nous voir forcés d'admettre? — Ces questions ne sont nullement
digressives et ne nous feront pas perdre de
vue un instant notre sujet.

Dans quelles limites doit s'étendre notre
soumission....?

Au premier abord, il peut sembler qu'une
réponse précise est impossible; et pourtant
après quelques instants de réflexion, on re-

connaît que ces limites sont, au contraire, des plus nettes à tracer.

Lorsque nous nous trouvons en présence d'un phénomène naturel en quelque sorte continu, dont la cause échappe absolument à l'action de nos sens, nous sommes bien obligés de chercher par l'imagination une interprétation qui satisfasse, d'une part, à tous les faits observables, et d'autre part, à la saine raison. Et si cette interprétation, devenue unique par l'élimination successive de toutes celles que nous avons pu imaginer paralèllement, satisfait à ces deux ordres de conditions, nous pouvons l'accepter, que nous comprenions ou non la cause qu'elle assigne au phénomène. — Nous voyons à tous moments qu'un corps pesant, que nous abandonnons à lui-même, tombe jusqu'à ce qu'il rencontre un obstacle ; nous nous sentons, hélas! tous comme liés à la surface de la terre par notre propre poids ; nous savons (depuis Newton) que l'action de la gravitation s'étend de la terre, non seulement jusqu'à la lune, mais à l'infini autour du centre de gravité de notre globe ; nous savons qu'une action absolument identique s'étend du soleil aux planètes..... *Ce qui* détermine cette action échappe absolument à nos sens : c'est donc à l'imagination, contrôlée par l'observation stricte des faits et par la raison, que nous sommes obligés de recourir pour remonter à la cause de la pesanteur. Nous pouvons par un travail patient d'élimination arriver à reconnaître ce que cette cause *n'est pas;* mais nous pouvous être certains que jamais ici-bas l'homme ne sera à même d'en comprendre l'essence même, Et pourtant, dans ces conditions, il n'y aura plus un savant sensé qui se refusera à accepter l'existence de cette force qu'il est incapable de saisir dans son essence..... Les matérialistes, je le sais, proposent une explication tout à fait tangible, en apparence; mais il ne me sera pas difficile de montrer bientôt qu'ils ne comprennent eux-mêmes rien à la nature première de la cause qu'ils invoquent. Nous trouverions facilement nombre d'autres citations à faire, qui nous conduisent aux mêmes conclusions; mais elles rentrent toutes dans le même ordre ; et l'on peut dire qu'elles sont limitées rigoureusement à cet ordre : à la recherche des

causes, et de la nature des causes des phénomènes, recherche que l'école positiviste essaie
vainement d'interdire à l'esprit humain, sous
prétexte qu'il n'atteindra jamais le but.

Le savant, en un mot, ne se montre nullement crédule, il reste parfaitement sensé et
conséquent avec lui-même, lorsqu'il admet
une existence dont la nécessité lui est démontrée par la discussion mûrie de l'ensemble des
faits : qu'il comprenne d'ailleurs ou non l'essence même de cette existence. — Ici toutefois s'arrête la soumission à l'incompréhensible, que nous commande le bon sens.

J'aborde une double question au sujet de
laquelle toute une catégorie de laïques incri-
minent journellement les savants, les traitent
d'incrédules obstinés, et même d'impies. Je le
fais en toute sincérité, sans la moindre arrière-
pensée de blâme ironique pour personne, mais
sous la forme la plus tranchée, convaincu que
bien loin d'ébranler des croyances chance-
lantes, ce qui suit, comme ce qui précède, les
consolidera.

De quel droit, nous dit-on journellement, le
savant, condamné à admettre tant de choses

qu'il avoue ne pas comprendre, nie-t-il avec
tant d'obstination les miracles que rapportent
les historiens sacrés? De quel droit nie-t-il
l'intervention incessante de Dieu dans les phénomènes de ce monde?

Une distinction fondamentale est à faire,
tout d'abord, entre ces phénomènes. Il ne saurait être question absolument que de ceux·qui
sont en quelque sorte tangibles, qui tombent
sous·nos sens, qu'ils se passent d'ailleurs dans
le monde physique ou dans le monde organique. L'intervention, discontinue ou continue,
du Créateur dans le monde des phénomènes
moraux, intellectuels, le miracle ou la notion
de providence dans le monde de la pensée ou
même dans la direction du monde humain,
sort complètement du domaine de la science.
Le savant sensé ne peut, dans cet ordre, ni
affirmer ni nier; il ne peut que douter, avec
la plus grande réserve. Une réflexion toutefois est permise, dans cet ordre aussi: Si le
savant émet parfois plus que des doutes en
ce sens, n'y est-il pas quelque peu autorisé
par ceux-là mêmes qui soutiennent le surnaturel, lorsqu'on les voit acclamer comme en-

fants de la providence tous les scélérats qui
savent s'emparer du gouvernement d'une société, lorsqu'on les entend chanter des *alleluia*
en l'honneur de tous les coups d'état les plus
criminels? N'est-ce point par trop faire Dieu
à notre image que de le mêler à des événe-
ments que réprouve toute conscience honnête?...

La distinction précédente est essentielle, et
l'on ne saurait trop y insister. Elle s'étend
aux rapports de l'Être pensant avec son
Créateur, aux résultats de l'acte saint de la
prière. Lorsque le savant nie l'efficacité de
cet acte, ce ne peut être absolument qu'en
un sens, qu'il est facile de délimiter. La prière,
en effet, a un caractère double : subjectif et
objectif, c'est-à-dire relatif à l'individu même
et relatif aux choses externes. L'efficacité
subjective ne peut être niée par aucun esprit
sensé, pas même par l'athée. L'être intelligent qui se concentre sur lui-même et qui se
détache par la pensée du fini de ce monde pour
aspirer à l'infini, grandit sans s'en douter et
devient apte à des actions ou à des idées
qu'il croyait absolument au-dessus de ses
forces. Devant l'être intelligent, heureux ou

malheureux, qui se recueille ainsi, le sceptique
le plus incarné ne peut en ce sens que s'incliner avec respect. L'efficacité objective de
l'acte de la prière ne peut pas être discutée
scientifiquement, en tant qu'il s'agit des faits
de l'ordre intellectuel, moral, disons, en un
mot, des phénomènes psychologiques. Nul de
nous ne sait comment nos pensées, petites ou
grandes, se forment et éclosent à un moment
donné; en dépit de nos efforts et de toute
l'énergie de notre volonté, il est telle pensée
à laquelle nous ne pouvons atteindre aujour-
d'hui qui demain nous viendra sans que nous
la cherchions. Nul ici ne peut, sans se montrer
insensé, nier la possibilité d'action de la prière,
de la part d'autrui. — Il cesse absolument
d'en être ainsi dès que la demande du croyant
porte sur les phénomènes du monde externe,
animé ou inanimé d'ailleurs. En ce sens, et
sans s'en douter, c'est un miracle de l'ordre
physique que l'on demande; et ici commence
seulement la négation, parfaitement légitime,
nous allons le voir, du savant.

Je le répète dans ce qui suit, il ne saurait
être question que des miracles concernant les

phénomènes naturels proprement dits. Si le savant va plus loin que douter, s'il nie, les raisons en sont multiples.

1° L'une des premières et des plus accentuées peut-être repose sur la différence radicale qui existe entre le caractère qu'a un miracle de cette espèce pour le savant et celui qu'il a pour le laïque. Pour le laïque, un miracle, dans l'ordre physique, n'est qu'une suspension temporaire de telle ou telle loi naturelle : le miracle n'a pour lui qu'un caractère plus merveilleux que d'autres phénomènes. Pour le savant, il constitue une *création nouvelle*; il constitue par conséquent un événement qui, à l'aide de moyens d'observation parfaits, pourrait être constaté des siècles et des siècles après qu'il aurait eu lieu. Supposer, par exemple, que par l'intervention de la volonté divine, il pleuve tout d'un coup dans une région jusque là désolée par la sécheresse, c'est admettre implicitement, ou qu'il s'est sur place engendré des vapeurs d'eau dans l'atmosphère, ou que, par un mouvement atmosphérique, ces vapeurs ont été amenées d'une région où elles existaient déjà. Dans le premier cas, il y aurait eu *Création nouvelle* d'un composé chimique et par suite de matière; dans le second cas, il y aurait eu *création* d'un mouvement. Or, ni l'eau ainsi créée, ni le mouvement ne pourraient rentrer dans le néant spontanément, et sans une nouvelle intervention du Créateur.

2° Nous l'avons dit deux fois déjà, le savant ne peut, bien contrairement au laïque, admettre qu'une intervention *unique* du Créateur, et cette opinion ne dérive ni d'un système ni d'une vue préconçue, Un exemple éclatant fera promptement ressortir la vérité de cette assertion. — Lorsque Newton, dans son ouvrage impérissable, eut démontré les principales lois des mouvements dans notre système solaire, lorsqu'il eut démontré que les Planètes, sollicitées vers le Soleil par leur pesanteur, doivent décrire des ellipses autour de l'astre central, il ne tarda pas à s'apercevoir que ces lois si simples ne peuvent être réalisées rigoureusement, parce que les Planètes sont sollicitées non seulement par l'action prédominante du Soleil, mais encore par leurs attractions réciproques, relativement beaucoup plus faibles, il est vrai. Il résulte de là que leurs mouvements elliptiques sont légèrement *troublés*, et que ce ne sont point des ellipses *exactes* qu'elles décrivent. Newton, qui avait dû créer lui-même la partie la plus puissante des mathématiques, pour s'en servir comme d'un instrument, dans ses magnifiques recherches, n'avait pourtant pu assez perfectionner cet instrument pour lui permettre de débrouiller complètement les troubles qui résultent des actions réciproques des planètes les unes sur les autres. Il avait conclu de ses investigations premières, que sans l'intervention du Créateur, répétée de temps à autre, les troubles s'accroîtraient dans notre système solaire au point de tout bouleverser. On sait de quelle magnifique manière les travaux de Laplace sont venus depuis rectifier cette idée presque désolante, et montrer qu'une nouvelle harmonie sort continuellement des légers troubles dont Newton avait tant redouté les conséquences pour notre système solaire. — Il ne serait pas difficile de trouver d'autres exemples tout aussi frappants du même genre. Là où une étude superficielle nous fait redouter, dans la nature, des troubles, des perturbations, des bouleversements incessants, l'étude plus attentive des phénomènes finit toujours par nous montrer l'ordre dans le désordre.

3° Mais, dira-t-on, les miracles, même dans l'ordre physique, n'ont point été opérés pour réparer les désordres dérivant de ce que l'œuvre du Créateur était en définitive imparfaite; ils l'ont été, par une faveur spéciale envers l'homme en général ou envers certains hommes privilégiés, soit pour les aider dans certaines œuvres à accomplir, soit pour modifier le cours de leurs pensées. — Par une moitié, la Science n'a plus de prise ici. Le savant sensé n'a pas la prétention de décider quels sont ceux d'entre nous qui méritent d'aussi hautes faveurs; et plus d'un laïque ferait bien d'imiter le savant dans cette modération. Par une autre moitié, au contraire, la Science a pleinement droit de juger. Partout dans la nature, nous voyons toujours les résultats les plus grandioses ou les plus compliqués obtenus par les moyens les plus simples; partout il y a proportionnalité entre la gran deur de l'effet à obtenir et celle de la cause : en astronomie, comme en zoologie, nous arrivons à la même conclusion. — Dans les miracles relatés par les historiens sacrés, c'est précisément le contraire qui frappe, non le laïque, il est vrai, mais le savant attentif et impartial : partout la plus étrange disproportion entre les moyens employés et les résultats à obtenir ou obtenus ! Dans la plupart de ces miracles, on croit voir Hercule s'armant de sa massue pour écraser un vermisseau ! Que ceux de mes lecteurs, que cette expression pourrait irriter, veuillent bien se rappeler que ce n'est point du Créateur des Mondes que je parle, mais seulement de ceux qui, dans leur fol orgueil, le font intervenir à leur guise.

Prenons, pour exemple, le plus tristement célèbre des miracles, celui de Josué arrêtant le cours de l'astre du jour. Je dis *tristement célèbre*, à cause des monstrueuses iniquités et des crimes de lèse-intelligence auxquels il a servi de prétexte ou de cause, presque jusqu'à nos jours. Des théologiens, quelque peu au courant de l'Astronomie, ont dans ces derniers temps cherché à ramener ce miracle à des proportions plus réduites. Ce n'est point, disent-ils, le Soleil qu'a arrêté Josué (il est fort heureux que la science ait enfin obtenu cette concession); ce n'est pas même la Terre qu'il a arrêtée dans sa course autour du Soleil; c'est simplement du mouvement de rotation du globe autour de son axe qu'il est question, car c'est là le seul mouvement qui cause la succession des jours et des nuits. — Acceptons le miracle dans ces termes, et voyons les dimensions qu'il garde encore. Le miracle, remarquons-le, est triple : suspension du mouvement de rotation, rétablissement de ce mouvement, remise de la Terre dans la position qu'elle aurait eue si elle n'avait pas été arrêtée (sans cette remise, l'astronome moderne pourrait aujourd'hui encore constater les traces du miracle). Il s'agit à peu près, comme on voit, de l'acte d'un horloger qui, par une raison ou une autre, arrêterait le balancier d'une de ses horloges, le ferait remarcher et pousserait l'aiguille à l'heure. Pour le laïque, cet acte est très simple, à peine mérite-t-il le titre de miracle. Pour le savant sensé, qui est obligé d'admettre la création

des éléments, celle du mouvement..... l'acte
est évidemment dans les attributs incompré-
hensibles, mais incontestables, de Dieu. Le
savant ne conteste nullement la possibilité du
miracle; il se permet seulement d'en *jauger
la grandeur.* Or, un calcul, aujourd'hui à la
portée de chacun, nous apprend que la suspension et le rétablissement du mouvement
de rotation de la terre, traduits en lumière
et en calorique, représentent ce que le soleil
envoie à la terre, toute entière de lumière et de
chaleur pendant deux millions d'années! Quant
à la remise à point de l'aiguille, elle est numé-,
riquement intraduisible de grandeur. On peut
ici, à bon droit, se demander s'il existe un
rapport quelconque entre le but atteint et le
moyen employé pour l'atteindre? Le savant,
redevenant homme ordinaire (il en a le droit),
pourrait peut-être demander au laïque si l'ex-
termination d'une poignée de criminels, même
avérés, légitimerait l'emploi de moyens aussi
disproportionnés? Il pourrait demander qui
blasphème réellement : ou, celui qui nie, ou
celui qui affirme. De tels récits ne prennent
leur caractère réel, presque bouffon, que quand

8

par la pensée nous les rapportons à d'autres
mondes planétaires. Supposons que nos astronomes, modernes voient un beau jour cesser
pour une demi-journée le mouvement de rotation de. la planète Jupiter et que, voulant
expliquer le fait, un docteur vienne dire que
c'est le Créateur qui est intervenu là-bas pour
donner à quelques scélérats le temps d'en
égorger d'autres. Que dirait le laïque le plus
pieux d'une pareille interprétation ?

4° Ce qui légitime, au point de vue histo-
rique, l'incrédulité du savant sensé à l'égard
des miracles dans l'ordre physique, c'est l'in-
compétence absolue des témoins qui les affirment. Pour décider si tel ou tel phénomène
est surnaturel, la première condition que doit
remplir un témoin, s'il ne veut pas être ré-
cusé, c'est d'être parfaitement informé de ce
qui est naturel, de ce qui rentre dans les phénomènes ordinaires du monde physique. Deux
citations historiques, l'une portant sur des
faits tout modernes, l'autre concernant des
faits, hélas! bien rapprochés de nous encore
en date, nous peuvent convaincre surabon-
damment que les laïques pris en masse, fys-

sent-ils docteurs en théologie, sont absolument incompétents à juger un certain ordre de phénomènes. Qui de mes lecteurs n'a nommé déjà les innombrables procès de sorcellerie, dont le récit fait frémir tout homme de cœur, et la folie des tables tournantes qui a récemment envahi toutes nos sociétés civilisées ?

Des milliers et des milliers de malheureux, sachant parfaitement le sort qui les attend, s'imaginent sincèrement et viennent s'accuser eux-mêmes d'être en rapport avec l'Ennemi du genre humain et d'être mis par lui en possession de pouvoirs surnaturels ; et il se trouve nombre de graves docteurs, dont la sottise seule excuse la cruauté, qui affirment le miracle et qui envoient ces infortunés au plus atroce des supplices ! Les témoins-victimes étaient pourtant même ici intéressés à nier, et ils affirmaient.

Des milliers et des milliers de personnes, cette fois calmes, parfois sensées, quelques-unes même des plus lettrées, expérimentent sur des tables, des meubles, des billards massifs, et s'imaginent que ces objets, inanimés,

s'animent tout à coup, tournent, se meuvent
sans être poussés, écrivent, parlent, nous disent ce qui se passe à cent lieues de distance!
Et ici encore il se trouve de graves docteurs,
cette fois du moins débonnaires, qui inter-
disent à leurs ouailles de tels exercices, sous
prétexte que le *malin* seul peut ainsi venir
animer le bois de sapin!

Que reste-t-il de ces deux ordres de faits
surnaturels? On sait aujourd'hui, dans les salles
d'hystériques des hôpitaux, ce que pouvaient
être les pauvres sorcières. — Et la folie des
tables tournantes, n'a pas même amené à là
confirmation d'un seul phénomène sortant de
l'ordre naturel, disons, presque, de l'ordre
trivial. Des millions de témoins laïques ont
pourtant attesté les faits.

Au surplus, et disons-le bien haut, si quelque chose est de nature à démontrer l'incom-
pétence des laïques en matière de miracles,
et à légitimer l'incrédulité du savant, c'est le
peu d'effet produit par eux sur les témoins.
En dépit de tous les miracles dont ils ont été
favorisés, les israélites ne tombaient-ils pas
à tous moments, non seulement dans les

mêmes fautes, mais dans l'idolâtrie, c'est-à-
dire dans la négation même du Dieu bien-
veillant qui pour eux reprenait son œuvre de
création? Et de nos jours, quel est l'effet produit par les miracles sur les personnes qui
croient en être les témoins? Y puisent-elles une
leçon de fermeté dans les sentiments du bien,
une leçon de tolérance, de charité, d'amour
de leur semblable, de confiance en l'avenir de
l'homme? Hélas! non; c'est presque toujours
un redoublement de fanatisme, de féroce intolérance, de fureur aveugle contre toute con-
tradiction, qui est la suite du prétendu miracle!
Il ne serait que trop facile d'en expliquer les
raisons.

Tel ne serait certes pas l'effet d'un miracle
sur l'esprit du savant; disons cette fois, sur
l'esprit de tout homme sensé et intelligent qui
aurait la joie d'en être le témoin. A la vue
même du miracle, c'est-à-dire de la manifestation de la Puissance créatrice, cet homme
serait transformé: il cesserait de *douter*, d'a-
voir des *convictions*, de *croire*..... il SAURAIT!
Pour cet homme, sûr désormais de son lendemain, la douleur sous toutes ses formes, la

souffrance morale et physique, ne serait plus
qu'une épreuve transitoire et presque joyeuse.
Le mot vertu serait rayé de son vocabulaire;
car la vertu suppose un effort dans l'accom·
plissement du bien, une résistance interne à
surmonter, un doute sur le lendemain. Cet
homme en un mot, à la vue même d'un miracle,
cesserait d'être un homme.

Jusqu'ici, et quels qu'aient pu être ses désirs
et l'énergie de ses aspirations, nul savant n'a
été ainsi favorisé. Continuons donc, dans l'obs·
curité où nous sommes plongés, à chercher
notre lendemain, en nous laissant guider par la
raison et le bon sens, et par l'observation
honnête et impartiale des phénomènes dont
la nature nous rend témoins.

Nous venons de voir tomber devant la science,
appuyée sur la saine raison, l'une des affirmations fondamentales du matérialisme proprement dit et conséquent avec lui-même : l'éternité de la Matière. Le même ordre de raisonnements s'appliquerait à toute autre doctrine
tendant à expliquer l'origine de l'Univers par
l'action exclusive d'agents *aveugles,* c'est-à-dire
de forces inconscientes, n'agissant qu'en vertu

de propriétés innées et fatales. L'existence
d'un DIEU CRÉATEUR ne peut certainement pas
être prouvée directement et mathématiquement; mais, ce qui est l'équivalent rigoureux
de cette démonstration, l'éternité de la Substance inconsciente, en général, peut être réfu-
tée rigoureusement, et cette réfutation peut être
considérée comme un des faits les plus triom-
phalement acquis de la science moderne. —
Pour quiconque admet l'existence d'un Dieu
créateur, l'immortalité de l'être humain, et,
comme homme de science, j'ajoute l'immortalité de tout ce qui vit, sont des conséquences en quelque sorte évidentes; nous pour-
rions donc nous arrêter ici, et considérer
comme terminé notre exposé des preuves
qu'apporte la science à l'appui de la notion
d'une vie future. Mais dans ce domaine où notre
intelligence est obligée de se mesurer et de
lutter avec l'infini, au risque de s'y briser, le
doute ne cède qu'à regret son poste dans l'âme
humaine, et, veillant de loin, il est toujours
prêt à se jeter sur sa proie, au moindre signe
de défaillance. Nous ne devons donc rien laisser dans l'ombre de ce qui peut contribuer à

affaiblir sa puissance. A ce titre, et au point
de vue rigoureusement scientifique, notre exposé serait bien incomplet, si nous l'interrom-
pions dès à présent.

Pour le savant, bien différent en ce sens du
laïque, il suffit, avons-nous dit, que l'existence
d'un Être, d'un Élément constitutif de l'Univers, soit démontrée, pour que la durée de cet
Élément soit assurée. Si la présence d'un élément animique dans l'être vivant est mise hors
de doute, sa durée l'est au même titre : cet
Élément ne peut rentrer spontanément dans
le néant. Mais l'existence d'un élément qui
échappe à l'action de nos sens, qui, par son
essence même, est invisible, intangible, impalpable,..... ne peut évidemment être constatée
directement. Nous sommes, scientifiquement
parlant, obligés en ce cas de procéder par voie
d'exclusion, en constatant bien correctement
que les qualités de *ce qui* tombe sous nos sens
ne suffisent plus pour expliquer tel ou tel
ordre de phénomènes et qu'ainsi nous pouvons
légitimement invoquer l'existence d'un principe
autre que ceux que nous percevons. — C'est
précisément là le problème qui se présente à

nous dans l'interprétation des phénomènes de la vie organique, à quelque degré de l'échelle qu'on la considère. Non seulement nous n'avons aucune perception directe de ce qui différencie une plante, un animal, un homme, d'une machine, mais nous n'avons pas même la moindre notion directe de ce qui constitue notre propre être, ni, bien plus! de *ce qui* fait mouvoir la machine. — C'est là, pour dire vrai, ce qui nous explique le nombre considérable de personnes qui, tacitement ou ouvertement, nient l'existence d'un élément spécifique distinct, donnant lieu aux phénomènes vitaux, animiques, intellectuels, aux phénomènes de l'ordre psychologique; et, cette fois je parle du savant aussi bien que du laïque, c'est ce qui explique le grand nombre de personnes qui, dans les phénomènes de l'ordre purement physique, veulent à tout prix matérialiser la force. — Pour arriver à la vérité sur ce domaine, nous ne pouvons procéder que par voie d'exclusion en réfutant toutes les hypothèses explicatives qui prétendent rendre compte des phénomènes intangibles avec les seuls éléments qui nous paraissent constituer ce qui est tangible.

9

Notre œuvre d'élimination serait toutefois facile, si nous ne nous trouvions en face que d'une doctrine de négation *unique,* en face du seul MATÉRIALISME *proprement dit;* mais en ne nous attaquant qu'à un tel adversaire, nous nous ferions la partie trop aisée. Il importe donc de définir et d'évincer une fois pour toutes cette doctrine dont bien des personnes, laïques et savants, parlent sans la connaître, et qui, disons-le très haut, a envahi les trois quarts du domaine de la science et de la non-science de notre temps.

Le matérialisme proprement dit ne peut admettre qu'un *seul élément* constitutif de l'Univers : la MATIÈRE, formée d'atomes en repos ou en mouvement, partout et toujours identiques à eux-mêmes. Et c'est effectivement là la proposition soutenue aujourd'hui dans une multitude d'ouvrages, grands et petits, dont quelques-uns sont devenus réellement populaires, et constituent le *credo* de milliers de laïques aussi bien que de savants. Selon les assertions des auteurs de «FORCE ET MATIÈRE, CIRCULATION DE LA VIE, THÉORIE VIBRATOIRE DE LA NATURE........» il faut être absolument *aveugle* (j'emploie l'expression la plus polie de ces livres) pour s'imaginer que dans le monde animé aussi bien que dans le monde physique, il existe autre chose que des atomes matériels en mouvement, donnant lieu, par leurs rencontres, aux phénomènes de l'attraction, de la répulsion, de la lumière, de la chaleur, de l'électricité, de la vie, de la pensée.... C'est du choc de milliards de billes élastiques, très petites, mais *non infiniment petites*, que résultent la conscience que nous avons de nous-mêmes, la faculté d'aimer, le sentiment du beau, du vrai, du juste,.... aussi bien que le plus minime des phénomènes du monde physique. — C'est ce choc qui a enfanté la Vénus de Milo, le Parthénon, Hamlet de Shakespeare, la Symphonie avec chœur de Beethoven......

Il faut le dire bien haut et avec insistance: si bizarre que soit un tel système, et quoiqu'il tombe en quelque sorte sous son propre poids, ceux qui le soutiennent ont du moins le mérite et le courage immenses d'être conséquents avec eux-mêmes, bien contrairement à beaucoup de leurs adversaires qui, sans s'en douter

peut-être, sont matérialistes aux trois quarts
par les doctrines qu'ils soutiennent, sauf à
rompre violemment avec le matérialisme à
une certaine limite dont il leur est impossible
de légitimer l'intervention.

Le matérialiste qui, dans les phénomènes
du monde physique, admettrait l'existence
d'un élément distinct de la matière, donnant
lieu à tout l'ensemble des phénomènes de
mouvement, de forces attractives ou répul-
sives, n'aurait plus absolument aucune raison
plausible pour rejeter du monde animé l'existence d'un autre élément supérieur, donnant
lieu aux phénomènes physiologiques et psychologiques dans tout leur ensemble. Il cesserait
à l'instant d'être matérialiste conséquent.

Réciproquement, l'adversaire du matérialisme qui prétend bannir du monde physique
tout élément distinct de la matière, n'est plus
nullement en droit d'invoquer l'existence de
tel ou tel élément supérieur pour l'explication
des phénomènes de la vie....

Et celui qui pousse l'inconséquence jusqu'à
nier la nécessité d'un élément de nature supérieure et distincte de la matière chez l'être

vivant le plus infime, n'a plus le droit d'admettre l'existence de l'âme chez l'homme.

Il faut du moins laisser à l'école matérialiste l'immense mérite d'avoir mis hors de doute l'ensemble de ces propositions, qui peuvent être considérées comme l'énoncé de faits élémentaires pour tout naturaliste sensé.

Le matérialisme n'a jamais été attaqué par les bases rationnelles et scientifiques sur lesquelles il a la prétention de reposer. Il a été réfuté, surtout par des laïques exclusifs et inconséquents, à un point de vue *purement sentimental* : c'est l'expression la plus juste à employer ici. On a objecté des faits de conscience, des aspirations morales, des facultés intellectuelles, inconciliables avec l'action de causalités purement *mécaniques* : toutes objections d'une valeur incontestable, à condition que ceux qui les font restent conséquents, et n'aillent pas eux-mêmes, comme le font journellement bien des spiritualistes, expliquer mécaniquement chez certains êtres ce qu'ils prétendent ne pouvoir s'expliquer que psychologiquement chez d'autres, visiblement identiques en nature ; dire par exemple : le chien

fidèle et affectueux est une machine, mais
l'homme égoïste et vil est un esprit pur....

Le matérialisme logique, répétons-le, explique d'une même manière, non seulement
les plus minimes des phénomènes physiques,
et les plus sublimes des phénomènes psychologiques, mais encore les plus inextricables
des questions d'origine. Il rapporte toutes
choses à l'atome matériel et à ses mouvements. Il a de plus la prétention de donner
seul des solutions claires de toutes choses. Il
est évident, d'après cela, qu'il ne peut être
attaqué que scientifiquement, en cherchant si
effectivement il satisfait à l'interprétation des
phénomènes de tous les ordres, et si effectivement il est doué de ce degré de clarté que
lui prêtent ses adeptes.

Je puis être extrêmement concis en ce qui
concerne l'exactitude des interprétations. Je ne
m'arrêterai qu'à une seule : elle est capitale,
il est vrai. — Deux masses matérielles, sé-
parées par un intervalle vide en apparence, et
indéfiniment grand, *tendent* l'une vers l'autre,
semblent s'attirer. Tel est le fait (et non l'hypothèse, comme d'aucuns le pensent) mis pour

la première fois en lumière et en évidence par le génie de Newton. Examinant quelle peut être la cause de cette tendance, ce grand esprit, si sobre d'hypothèses, déclare qu'il considérerait comme un insensé celui qui avancerait que la matière agit sur la matière à travers le vide, et sans aucun intermédiaire. « Cet intermédiaire est-il matériel ou immatériel ? » [1] — Voilà ce qu'il laisse à d'autres le soin de décider. Quoi qu'on en ait dit, son opinion personnelle est facile à lire : c'est l'intermédiaire immatériel qu'il admet. — Depuis que la lumière de cette grande âme a été retirée de ce monde, matérialistes, spiritualistes, panthéistes, savants et non-savants, se sont mis à l'œuvre pour expliquer et *matérialiser* la cause de la gravitation universelle. Voulant rendre visible, tout au moins à l'imagination, ce qui par sa nature propre est invisible, on s'est efforcé de peindre les masses matérielles comme *poussées* les unes vers les autres, soit par des atomes matériels sillonnant l'espace en tous sens, soit par des tourbillons moléculaires. Le nombre de ces hypothèses explicatives, différentes par la forme, mais parfaitement identiques par le fond est des plus considérables. — Eh! bien, je ne crains point de l'affirmer ici à la face de toute la science moderne : pas une seule de ces interprétations matérialistes ne soutient un seul instant d'examen scientifique sérieux; les unes sont puériles, d'autres semblent être sorties d'un cerveau en démence.

Une doctrine qui échoue ainsi devant l'un des phénomènes les plus fondamentaux du monde physique n'a plus le droit de s'adjuger seulement l'ombre d'une explication des phénomènes du monde vivant. — Et ce que nous venons de dire des tentatives d'explications de la gravitation, s'applique identiquement aux phénomènes de répulsion et d'attraction magnétiques, électriques (statiques et dynamiques) : si toutefois on peut même donner le titre d'explications à ce qui a été produit en ce sens.

Quoiqu'en puissent dire un très grand nombre de physiciens modernes, le matérialisme a perdu son droit de cité sur le domaine des phénomènes du monde inanimé lui-même. Les seules propriétés que nous constatons dans

les corps qui tombent sous nos sens le ré-
futent radicalement. [1])

Voyons maintenant ce qui en est de la pré-
tendue clarté sans pareille de cette doctrine.
Ici je ne recourrai qu'à deux seuls arguments
ad hominem, sous forme interrogative.

Les livres dogmatiques que j'ai nommés
plus haut sont aujourd'hui entre toutes les
mains. L'un d'eux, entre autres, « FORCE ET MA-
TIÈRE » de Buchner, s'est, en traduction fran-
çaise, vendu à plus de cinquante mille exem-
plaires. C'est peu dire que d'estimer à cinq
cent mille les lecteurs de ce livre ou de ses
congénères. D'après la doctrine soutenue dans
tous ces livres, d'après le matérialisme prétendu scientifique, les mondes se sont formés
par les mouvements des atomes matériels
accourant de tous les points de l'espace, in-
cités par d'autres mouvements antérieurs. —
Cela posé, il nous sera permis de demander
si, parmi ces cinq cent mille lecteurs, incon-

[1] Je me permettrai de renvoyer à ce sujet à ce que
j'ai dit dans la partie critique de mon *Analyse élémentaire de l'Univers* (1 vol. in-8°, chez Gauthier-Villars,
libraire à Paris).

10

testablement lettrés, dont nous parlons, il s'en
trouve un seul qui sache ce que c'est que le
mouvement, un seul qui sache en quoi un corps
en mouvement diffère de nature d'un corps en
repos? La réponse ne pouvant être que négative, nous demanderons s'il est dès lors plus
clair d'attribuer l'origine des choses et la con-
tinuité des phénomènes à une inconnue aveugle, inconsciente, agissant pourtant avec une
intelligence que personne, parmi nos cinq
cent mille lecteurs, ne peut nier, qu'à une inconnue intelligente, consciente de ses actes,
et toute puissante?

Que devient devant une pareille interrogation la grande clarté du dogme matérialiste? Posons cependant une seconde question.

C'est pour le matérialisme un article de foi
d'admettre que la pensée est une sécrétion
du cerveau, absolument comme la bile en est
une du foie, comme l'urine en est une des
reins. Nous accepterons très volontiers ces
aphorismes; nous irons même plus loin, et
nous dirons que l'intégrité des fonctions du
cerveau est aussi indispensable à la sécrétion
de la pensée qu'à celle de l'urine à laquelle il-

préside indirectement par son action sur les reins; nous irons encore plus loin, et nous conviendrons que, pour certaines pensées, il y a une analogie plus grande qu'il ne semble entre les deux sécrétions. — Ici toutefois s'arrêtent nos concessions, et bien légitimement. Comme il n'existe que MATIÈRE partout identique à elle-même, incapable d'agir autrement que par impulsion immédiate d'atome à atome, comme c'est aux chocs et aux vibrations moléculaires qu'est due la sécrétion de l'urine aussi bien que celle de la pensée, nous demanderons à nos cinq cent mille croyants si un seul d'entre eux comprend comment les chocs de tant de billes de billards qu'on voudra, aussi petites et aussi élastiques qu'on voudra, peuvent arriver à la conscience d'eux-mêmes, à la notion de leur être qui, d'après le dogme admis, n'est qu'un phénomène transitoire? En vérité, de tels articles de foi peuvent-ils avoir la prétention d'être plus clairs, plus compréhensibles que ceux de n'importe quel culte aussi mystique qu'on voudra?

Nous ne comprenons certainement pas plus l'essence de notre âme ou celle du principe

vital en général que celle de Dieu ; mais nous
ne comprenons pas davantage celle du mouvement ni celle de la matière elle-même. Nuit
pour nuit, incompréhensible pour incompréhensible, nous pouvons donc de plein droit
préférer l'interprétation qui, appuyée sur la
raison et sur le raisonnement, satisfait à tout
l'ensemble des phénomènes, à celle qui ne
satisfait à aucun.

, On le voit, si nous ne nous trouvions en
face que des seules négations du matérialisme
pur, notre œuvre serait facile ; que dis-je ! elle
serait achevée. On aura beau, dans des ouvrages étendus et du plus haut mérite, comme
« L'HISTOIRE DU MATÉRIALISME » de Lange, par
exemple, exposer les développements succes-
sifs de cette doctrine et tenter de lui donner un
caractère de solidité scientifique ; on échouera
toujours quand, partant rigoureusement des
seules propriétés de la matière en repos et en
mouvement, on essaiera l'interprétation ré-
fléchie et rationnelle du moindre des phénomènes physiques, à plus forte raison de ceux
du monde vivant.

Mais le matérialisme pur s'est toujours trou-

vé côtoyé, de près ou de loin, par un autre
genre de négation qui, sans affecter la forme
arrêtée d'une doctrine proprement dite, n'en
est pas moins très vivace et très répandue.
Elle est beaucoup plus bornée dans ses prétentions; elle ne s'adresse qu'aux seuls phénomènes du monde organique, ou même plus
exactement encore, du *monde humain.* Elle
est, non certainement professée, mais tacitement ou ouvertement admise, par un grand
nombre d'hommes qu'à aucun titre nous ne
serions plus en droit d'appeler des laïques.
Prenant un instant la forme personnelle, qu'on
ne me reprochera certes pas d'avoir souvent
affectée dans cet exposé, je dirai, sans crainte
d'éveiller des susceptibilités ou d'irriter ceux
dont je parle, que parmi les médecins, et surtout les jeunes médecins modernes, il en est
un très grand nombre qui attribuent à la matière et à l'ensemble des forces aveugles con-
stituant l'organisme de l'être vivant, toutes les
fonctions de celui-ci, qu'il s'agisse des fonctions physiologiques seules, ou de tout l'ensemble des fonctions intellectuelles, chez
l'homme notamment. « C'est le cerveau qui

pense, disent-ils ; une âme y est une bien inutile superfétation. » Je dis les jeunes médecins..... les neuf dixièmes peut-être. A l'âge
mûr, le doute survient chez beaucoup, quant
à la vérité absolue de l'assertion. Quelques-
uns alors se convertissent et deviennent, en
apparence du moins, des dévots fort respec-
tables : ce sont en général des considérations
singulièrement étrangères à la métaphysique
qui sont la cause déterminante de ce phénomène. Disons-le à l'honneur de la science et
de tout le corps médical, de pareilles chutes
sont les exceptions. Mais laissons ces tris-
tesses.......... A force de s'incliner sur le
lit des malades et des mourants, à force d'ob-
server des phénomènes qui échappent à toute
explication purement physiologique, le médecin de cœur et de bon sens se demande
si, contrairement à son assertion d'étudiant,
ce ne serait peut-être pas *nous qui pensons à
l'aide du cerveau?* Il suspend son jugement,
et, continuant sa vie de dévouement, il soulage,
avec sa science et avec son cœur, la douleur
physique et morale partout où il la rencontre.
Fort de sa conscience d'honnête homme, il

attend patiemment jusqu'au bout la solution de la grande énigme.

Est-ce le cerveau qui pense et nous fait nous?

Ou bien est-ce nous qui pensons avec le cerveau?

Voilà toute la question qui se pose devant nous, effrayante ou consolante, selon le côté par lequel nous l'attaquons.

Nous savons tous que nos rapports avec le monde externe sont établis à l'aide de certains organes spéciaux, sans lesquels nous n'aurions pas la moindre notion de ce qui se passe hors de nous. Nous savons, par exemple, que pour voir, que pour entendre, il nous faut deux instruments de physique d'une construction admirable, dont le mode de fonction ne nous est même connu que depuis une époque relativement récente et est encore énigmatique dans quelques détails intimes. La *forme* de nos idées, la *manière* de penser, relativement à ce que nous voyons, à ce que nous entendons, dépendent tellement des données que nous fournissent à chaque instant ces instruments, qu'il est des choses que nous ne pouvons pas *concevoir* autrement que nous ne les voyons, que nous ne les entendons : une sphère lumineuse, par exemple, ne nous est visible que par une moitié à la fois. Eh! bien, il nous est impossible, en dépit de tous nos efforts d'imagination, de nous la *figurer* sous *ses deux faces* à la fois! A chaque imperfection de l'œil, à chaque défaut, congénital ou accidentel, répond une imperfection ou un défaut dans les notions qui naissent de la vision. L'homme de science, lorsqu'il observe, est lui-même trompé par ces fausses indications; il est obligé, par une longue étude, de rectifier des erreurs personnelles de perception, qui échappent absolument au laïque.

Voilà une dépendance intime, profonde, qui est absolument incontestable.

Passera-t-il pourtant jamais par la tête de quelqu'un de dire : Ce sont les yeux qui voient, ce sont les oreilles qui entendent? Ces locutions ne seraient-elles pas aussi risibles que celle qui consisterait à dire, par exemple : la *lunette* de cet astronome *voit* et *observe* admirablement?

Nous disons tous : *je vois* avec mes yeux,

j'entends avec mes oreilles, comme nous disons : *je* marche avec mes jambes.........
et nous avons raison. Lorsqu'un de ces instruments, lorsqu'un de ces organes nous a été
ravi par la maladie ou par un accident, nous
ne savons que trop qu'il reste *quelqu'un* qui
souffre de cette privation.

Cela posé, et au rebours des locutions précédentes, est-il moins risible, plus intelligible,
et surtout plus vrai, de dire :

C'est le cerveau qui voit avec les yeux, qui
entend avec les oreilles,....... qui pense,
qui crée une individualité ayant désormais la
conscience d'elle-même, quoique dénuée de
toute existence réelle ?

Que de dire simplement :

C'est *moi qui* pense, mais qui pour penser
ai besoin d'un organe ?

Le côté risible de la première forme d'assertion n'est guère contestable. Si décidément
dans notre cerveau il n'y a pas de place
pour une âme, nous ne sommes tout aussi
décidément plus que des machines; machines
qui, comme telles, laissent même parfois singulièrement à désirer quant à leur construc-

tion. — Il est une expression que personne n'effacera plus ni de nos codes, ni de nos constitutions sociales, ni des rapports d'homme à homme : c'est celle de « RESPONSABILITÉ HUMAINE ». Ni matérialistes, ni positivistes, ni *négativistes,* ne sauraient contester un instant que le titre moral, que le degré qu'occupe tel ou tel peuple sur l'échelle sociale est d'autant plus élevé que cette expression est mieux comprise et mieux mise en pratique par chaque individu. — Que dirait pourtant le sceptique le plus invétéré, si quelqu'un, prenant au pied de la lettre cette assimilation de l'être vivant avec une machine, venait à parler de *la responsabilité de nos machines à vapeur, de nos montres ?* Un immense éclat de rire accueillerait certainement une pareille plaisanterie; et ceux ou celles mêmes qui prétendent que dans notre cerveau il n'y a pas place pour une âme, y prendraient part.

La première forme d'assertion est-elle plus intelligible?

La dépendance intime et directe de notre pensée et du cerveau ne peut plus être contestée un seul instant. Non seulement il nous

faut ici-bas un instrument approprié pour penser, mais chacun des modes de la pensée
semble même avoir son mécanisme spécial
dans cet instrument. Bien que la doctrine de
la localisation de nos facultés (poussée à l'ex-
trême par Flourens, entre autres), ait reçu de
fréquentes et graves atteintes de l'observation
impartiale des faits, un fond de vérité lui reste
pourtant acquis. L'ensemble des faits relatifs
à cette grande question est si généralement
connu qu'il est inutile de nous y arrêter ou de
le développer.

Disons-le bien haut et bien hardiment, nous
n'avons pas la plus légère idée de ces rapports
nécessaires de l'âme avec le mécanisme organique. Nous ne *savons* pas *comment* elle peut
en avoir besoin pour accomplir l'acte qui semble être le fait de son essence même, pour
penser. Nous ne *savons* pas *comment* cet acte
peut être entravé, souvent radicalement, par
telle ou telle cause physique venant du dehors,
par la maladie, par une matière toxique; nous
ne *savons* pas *comment* il est suspendu journellement et périodiquement par le sommeil. —
Mais remarquons-le expressément, il s'agit

ici d'une *ignorance*, si profonde, si absolue qu'on voudra d'ailleurs, mais non d'une difficulté de conception. Il n'est pas plus difficile de concevoir que nous ayons besoin d'un organe pour penser que de comprendre qu'il en faille un pour voir, pour entendre. Nous *ignorons* absolument le mode, et voilà tout. Mais nous ne pouvons tirer de cette *ignorance* aucune raison plausible pour nier la présence d'un Élément pensant et animique.

Ferons-nous les mêmes remarques quant à la seconde des assertions, quant à celle qui dit que c'est le cerveau qui pense et que toute addition d'un élénient spécifique, accomplissant cet acte, est une bien inutile superfétation? — Assurément non. Ici il ne s'agit plus d'une ignorance, temporaire ou définitive, mais bien d'une impossibilité d'interprétation. Aucun de ceux ou de celles qui aujourd'hui, avec tant d'assurance, affirment qu'il n'y a plus de place pour une âme dans le cerveau, aucun n'a jamais compris comment une machine, formée de pièces multiples et diverses réagissant les unes sur les autres, peut arriver à la conscience de son existence, à sentir, à souffrir, à jouir, physiquement et moralement; aucun ne l'a jamais compris et n'a produit l'ombre d'une explication sensée, car une telle explication est tout simplement une impossibilité.

Ni la matière seule, telle qu'elle est conçue et définie par le matérialisme, ni la matière gouvernée par des forces aveugles partout répandues ne pourra jamais expliquer le sentiment de l'existence, la conscience d'eux-mêmes, que possèdent l'homme et les animaux supérieurs; et ce n'est pas non plus dans telle ou telle partie d'un mécanisme constitué par la matière et les forces que peut résider ce sentiment. — De très grands penseurs ont dit que la matière peut se développer, s'organiser par degré, s'élever en titre et arriver à la pensée. Mais il est bien clair que si une telle transformation était effective, il en résulterait simplement que la matière cesserait d'être ce qu'elle est partout autour de nous, dans le monde physique. C'est d'ailleurs une des rares affirmations parfaitement correctes et vraies posées par le matérialisme, à savoir que la matière est toujours et partout identique en propriétés, dans notre cerveau aussi bien que dans le Soleil qui nous éclaire.

Si tant d'esprits distingués, parmi les jeunes médecins, quittent le doute, naturel et légitime chez tout homme sensé, pour admettre l'affirmation négative absolue (que l'on me pardonne cet assemblage de termes si opposés), il faut en chercher l'explication dans des raisons assez diverses. — Les unes reposent sur l'antagonisme violent qui, chez le jeune homme embrassant une carrière scientifique, celle de la médecine, par exemple, s'établit entre les assertions dogmatiques, historiques, légendaires, que sans preuve aucune ou nous inculque comme vérités indiscutables, et les réalités que nous révèle l'étude directe de la nature et des faits. On nous avait habitués, de l'enfance à l'âge mûr, à accepter des affirmations sans preuves; arrivés à l'âge de l'examen, nous tombons dans un excès contraire et nous acceptons des négations sans preuves: c'est là un travers de notre nature qui s'explique, sans toutefois se légitimer. Mais il est d'autres raisons plus puissantes qui interviennent et qui font pencher

l'esprit vers la négation. — Par suite des né-
cessités mêmes de la profession qu'il va em-
brasser, le jeune médecin est obligé de s'oc-
cuper surtout de ces phénomènes physiologiques, pathologiques,.... qui, chez tous les
êtres vivants, semblent seuls se prêter à des
interprétations mécaniques ou physiques, et
l'étude des sciences physiques et exactes proprement dites, tout comme celle des phénomènes de l'ordre psychologique, intellectuel,
moral,.... reste complètement à l'arrière-
plan. Cette double étude seule pourtant peut
nous apprendre ce dont sont capables ou absolument incapables les agents seuls du monde
physique. En m'énonçant ainsi, je crois rester
dans la plus stricte vérité et ne blesser qui que
ce soit. Ce sont les exigences mêmes de la
profession médicale qui condamnent pour ainsi
dire l'étudiant à négliger un ensemble de
sciences dont la connaissance lui serait indispensable pour maintenir chez lui un juste équilibre entre les affirmations exagérées de certaines doctrines et les négations tout aussi
exagérées des doctrines antagonistes.

Tout esprit sensé qui aura soin de maintenir en lui-même cet équilibre, arrivera toujours à cette conclusion :

Au-dessus des organes des sens et de la pensée se trouve nécessairement une réalité sentante et pensante, sans laquelle le mécanisme auquel elle est liée ne saurait lui-même fonctionner, réalité qu'aucun système n'effacera jamais de l'ordre des existences, quels que puissent être d'ailleurs son passé et son avenir. Et, beaucoup plus généralement encore, audessus des organes de n'importe quel être vivant se trouve nécessairement un élément directeur qui sépare radicalement l'être vivant le plus infime du rang des machines proprement dites.

Nous disons : quels que soient d'ailleurs son passé, son avenir.

Dans toutes les recherches, dans toutes les discussions concernant la nature des êtres vivants, et de l'homme en particulier, on s'est toujours étrangement trop préoccupé du mode d'apparition de ces êtres sur notre terre. C'est ce qu'on ne saurait assez faire ressortir aujourd'hui.

Contrairement à ce qu'on admettait autrefois, la chimie parvient à produire directement des composés qu'on croyait ne pouvoir être élaborés que par la vie ; c'est ce qu'ont mis pleinement hors de doute les travaux de M. Berthelot. Qu'il me soit permis d'exprimer ici le regret que cet éminent chimiste ait si brusquement abandonné une route qu'il avait si brillamment ouverte et où il reste encore tant à découvrir, pour se livrer à des travaux qui, au lieu de génie, n'exigent que de la patience et de l'exactitude. — Nous disons : la chimie sait produire des combinaisons semblables à celles qu'élaborent les organes des êtres vivants. Mais ni la chimie, ni aucune autre science, n'a su encore produire *un organe*, ou seulement la moindre *cellule* organique. Rien, absolument rien n'autorise à affirmer qu'il puisse, au sein de la nature, et par la réaction réciproque des seuls éléments du monde physique, se produire, non un être vivant, mais seulement la moindre des cellules organiques. Les générations, dites d'ailleurs fort à tort, spontanées, les générations sans germes antérieurs, tour à tour niées et affirmées avec emportement par les diverses écoles, peuvent être considérées aujourd'hui comme classées, non au rang des impossibilités, mais au rang de phénomènes qui ne se sont jamais produits jusqu'ici, du moins sous la forme que leur assignent les systèmes (Pasteur).

Jusqu'ici non plus, et en dépit de toutes les affirmations des systèmes préconçus, il n'est démontré le moins du monde qu'un être vivant de telle espèce puisse, par des modifications successives, donner lieu à des êtres d'espèces absolument différentes. Tout ce qu'est parvenu à prouver l'un des plus grands et en même temps des plus honnêtes naturalistes de notre temps, dont le nom restera attaché à la doctrine du transformisme, tout ce qu'est péniblement parvenu à prouver Darwin, c'est que le nombre des espèces primitivement admises en histoire naturelle, est moins grand qu'on ne le supposait.

Mais faisons un pas immense. Admettons, contre toutes les probabilités, qu'un germe vivant puisse, au sein de la nature, se produire sans germe antérieur. Admettons que, par suite d'influences d'une sorte ou d'une autre, une espèce puisse réellement donner

lieu à une espèce tout à fait différente en apparence. — Résultera-t-il de là, d'une part,
que la vie organique soit le résultat des forces
ordinaires du monde physique, ou d'autre part
que l'élément animique de tel être ait été le
même que celui de l'être d'espèce différente
auquel il a donné lieu? — C'est bien là la conclusion que l'école matérialiste et tous les
laïques sans distinction tireraient de ces deux
ordres de faits. Et c'est pourtant aussi, on
ne saurait assez le faire ressortir, la conclusion
la plus étrangement arbitraire qui se puisse
imaginer.

L'être vivant, l'humble violette comme
l'homme de génie, doit être considéré en lui-
même et en ce qu'il est *actuellement*: dans le
connu, en un mot, et non de ce qu'il *a été* ou
dans ce qu'il *sera*, c'est-à-dire dans l'*inconnu*.
Aucun raisonnement sérieux ne peut prouver,
aucune vaine argutie ne peut faire accepter
de l'imagination, qu'une machine soit capable
d'élaborer la pensée. — Le penseur est ce
qu'il est. — Qu'il sorte d'un peu de fange,
comme le disent les poètes et les sots (les extrêmes se touchent), ou qu'il descende d'un

singe, il n'en reste pas moins ce qu'il est : un
élément supérieur anime *actuellement* son organisme terrestre. — Les personnes qu'effa-
rouche tant une origine simiale, feraient bien
de se rappeler, mais *tout à rebours*, les vers
d'un rimeur célèbre :

Mais la postérité d'Alfane et de Bayard,
Quand elle n'est qu'une rosse, est vendue au hasard.

Se croire un être déchu ou même dénué
d'âme, parce qu'on sortirait d'une autre espèce vivante de degré inférieur, serait en
vérité aussi absurde et puéril que de se croire
un être supérieur, en vertu de prérogatives
nobiliaires, parce qu'un ancêtre, il y a trois
cents ans, a acquis le droit d'attacher une
particule à son nom !

Si un être vivant quelconque pouvait se
produire effectivement au sein de la nature,
sans germe antérieur, si l'espèce humaine était
en effet une modification graduée d'une espèce
de singe, il n'en résulterait nullement que cet
être serait dénué d'un élément animique absolument distinct des forces du monde physique,
il n'en résulterait nullement que l'homme serait un singe perfectionné; il faudrait simple-

ment en conclure que la PUISSANCE CRÉATRICE procède autrement que nous ne l'admettions, et qu'ici encore, comme, en bien d'autres points, nous l'avions faite un peu trop à notre image. Certains laïques seraient obligés de s'en accommoder, comme ils ont dû le faire du mouvement de la terre, qui passait aussi pour essentiellement hérétique. [1])

Tout ce qui touche, non pas à l'origine même des êtres vivants, mais seulement à l'arrivée sur cette terre de chacun d'eux, petit ou grand, humble ou sublime, est enveloppé d'un profond mystère, contre lequel se briseraient la foi du croyant le plus fervent comme les raisonnements de l'esprit le plus sceptique, si l'on se donnait la peine d'y songer. — Dans cette nuit si sombre, le bon sens et la raison cependant posent au moins quelques jalons, que bien des personnes semblent à plaisir perdre de vue, et dont, en tous cas, elles ne se préoccupent nullement.

1) Il me sera sans doute permis de renvoyer à ce que j'ai dit sur cette grande question dans mon *Analyse élémentaire de l'Univers;* elle est traitée presque sous forme élémentaire dans la *Cinquième Esquisse.*

Dès qu'il est question de la succession des êtres vivants, de celle des animaux supérieurs, ou de l'homme, par exemple, on se tient pour satisfait, on croit toute difficulté mise de côté, en admettant qu'il a été créé une paire primi-tive de chacun. Nous sommes habitués à voir ces êtres se reproduire et s'accroître ainsi en nombre, comme nous sommes habitués à voir les corps pesants tomber : nous trouvons les deux genres de phénomènes très naturels. Cependant, en y regardant d'un peu près, nous sommes bien obligés de reconnaître que nous ne comprenons ni l'un ni l'autre. En ce qui touche à la vie, il ne nous est en définitive pas plus facile de concevoir la naissance de chacun de nous en particulier que la création de la paire primitive à laquelle nous recourons pour tout expliquer.

En donnant le jour à ses semblables, l'homme est le motif déterminant de deux phénomènes, l'un organique, l'autre psychologique que l'on ne peut toutefois disjoindre que nominalement : la formation d'un organisme semblable au sien, l'arrivée en ce monde ou du moins la mani-festation nouvelle d'un élément animique, sem-blable aussi au sien.

1° Dans le phénomène organique, les parents ne sont que le motif déterminant initial, et ce n'est qu'à ce titre que leur volonté intervient, une fois pour toutes. L'impulsion étant donnée au germe, le développement se fait à l'insu et indépendamment de la volonté de la mère elle-même, qui ne fait que fournir, les éléments nécessaires, tirés par elle du monde externe.

Les parents, en tout cela, ne créent rien du tout : ils fournissent au germe et puis au nouvel être les éléments, *plus ou moins bien préparés,* qu'ils tirent du milieu ambiant, et le nouvel être lui-même ensuite se développe à l'aide des éléments de ce milieu qu'il restituera un jour intégralement.

2° Dans le phénomène psychologique, les parents encore ne sont que le motif déterminant de l'arrivée d'une unité animique, ou beaucoup plus correctement en toute hypothèse, de la manifestation nouvelle d'une telle unité. — Nous ne créons rien du tout non plus en ce sens. Il faudrait en vérité être fou d'orgueil pour s'imaginer que nous créons une âme ! Et d'un autre côté, ce serait se faire une

idée étrange de notre propre unité animique
que de la croire subdivisible ; autant vaudrait
la nier du coup !

En un mot, ni organiquement, ni psychologiquement, nous ne créons quoi que ce soit.
Lorsque, avec fatuité, nous nous disons les
auteurs de nos enfants, cette expression demande à être comprise dans un sens bien
différent de celui qu'on y attache en général.

Nous disons que le phénomène de la continuation des êtres vivants est double, sans
que pour cela on puisse le disjoindre. La
marche du développement des animaux et de
l'homme, les phases par lesquelles passe suc-
cessivement chaque nouvel être, ont été admirablement étudiées, quant à la forme. Le
pourquoi et le comment sont ténèbres pour
nous. Ce qui est certain, quoi qu'en puissent
dire toutes les écoles de négation, c'est que
l'ensemble des forces du monde physique est
absolument insuffisant pour rendre compte du
développement du plus minime des organes. —

Organiquement et physiologiquement, les
parents servent en quelque sorte de moule à
leurs descendants, mais seulement d'une façon

partielle. Ils leur lèguent, dans de certaines
limites, leur propre conformation, leurs défauts physiques, leurs maladies : et ici s'établit
une responsabilité terrible chez l'être qui occupe le sommet de l'échelle et qui est doué
du sens moral. — L'être nouveau, une fois indépendant de ses parents, se développe plus
ou moins bien, subit l'influence du milieu ambiant, du régime auquel il est soumis, du genre
de vie qu'il mène, volontairement ou involon-
tairement. Le moule des êtres futurs se modi-
fie ainsi plus ou moins. — Quelle est la limite
réelle de ces modifications ? Là est la grande
question en litige.

Les défenseurs de l'unité de l'espèce humaine écartent déjà assez les limites : du La-
pon au nègre du Congo, du blanc civilisé à
l'Australien, la marge est grande! En admettant une pareille marge, ne donne-t-on
pas réellement gain de cause aux transfor-
mistes ?

La Science décidera-t-elle un jour de quel
côté est la vérité, ou comme cela est beaucoup plus probable, le problème échappe-t-il
par sa nature même, à son pouvoir ? Cela est

18

bien moins important qu'il ne semble à la foule des laïques.

—Un être vivant quelconque, l'homme tout en tête, ne pouvant rien créer, et ne pouvant devenir ce qu'il est que moyennant les éléments déjà disponibles, il est évident qu'il ne peut y avoir de transformation dans le sens qu'on y attache en général. Une âme humaine ne peut *descendre* d'une âme de singe. Fût-elle une âme d'un degré inférieur, appelée à s'élever par son passage en ce monde, qu'elle ne *descendrait* pas à proprement parler d'une autre. Elle en serait, non une autre perfectionnée, mais à perfectionner, ce qui est bien différent.

—On peut faire et l'on a fait effectivement des milliers et des milliers de suppositions sur la création de ces unités animiques (je ne dis plus même hypothèses, car une hypothèse, fausse ou juste, affecte du moins un caractère scientifique, tandis qu'ici tout ce qu'on peut imaginer, de juste ou de faux d'ailleurs, sort absolument du domaine scientifique). Ces suppositions ne peuvent nuire au progrès, pourvu qu'une fois qu'on en a admis une, on reste conséquent avec soi-même.

Si, par exemple, dans le principe animique et vital, on admet la persistance des espèces, on peut, et en ce qui concerne l'homme, faire deux suppositions principales : ou la Puissance créatrice se manifeste à la naissance de chacun de nous ; ou, comme pour les autres éléments constitutifs de l'Univers, elle s'est manifestée une seule fois, et alors chaque unité distincte attendrait, sous une forme ou une autre, le moment où elle doit être appelée à apparaître en ce monde. (Je ne rappelle que pour mémoire une troisième supposition, exprimée en entier par le seul mot de *métempsycose*. Elle n'est de fait qu'une variante de la seconde). — J'ai, dans cet exposé, évité soigneusement toute question de dogme : il m'est impossible cependant de ne pas faire une exception ici. — Le spiritualisme chrétien moderne est bien obligé d'adopter l'une ou l'autre des suppositions précédentes ; et pourtant, comment alors les concilier avec le dogme de la chute de l'homme ? Admettre que les âmes créées toutes à la fois sont tombées toutes par la faute d'une seule, ou que pendant des milliers d'années, en raison de la

faute d'une seule, la Puissance créatrice n'a
plus produit que des âmes déchues, c'est, en
vérité, donner au Créateur un caractère de
férocité qui n'est guère atteint que par quelques-uns d'entre nous. Puisqu'il est donc absolument nécessaire de faire Dieu à notre image,
choisissons du moins mieux celle-ci. Cette réflexion, qui tombe sous le sens, devrait être,
ce semble, un terrible appel à la tolérance,
pour certains laïques qui ont la parole si
haute et si impérieuse en matière de dogmes
théologiques.

Si, au contraire de la supposition précédente, on admet que l'unité animique de chaque
être vivant est perfectible, ce qui, faux ou
vrai, ne heurte ni notre bon sens ni notre
conscience, on comprend qu'à chaque degré
de perfectionnement du principe vivant puisse
et doive correspondre un organisme plus élevé
aussi.

Je le répète, il ne s'agit en tout cela que
de suppositions, dont l'une ou l'autre peut être
juste, mais qui n'ont qu'une importance relative, en ce sens, qu'elles peuvent heurter ou
flatter telle ou telle idée préconçue, absolu-

ment étrangère à la question de la durée indéfinie de notre existence après cette vie.
Nous n'avons à nous y arrêter qu'à un point
de vue unique, mais essentiel.

En toute hypothèse, une loi inexorable de
morale domine tout l'ensemble des suppositions qu'il peut nous plaire de faire. — L'organisme de l'être vivant pouvant être considéré comme l'instrument nécessaire, en ce
monde, à la manifestation de l'élément animique, il est visible que cette manifestation
sera facilitée ou entravée, selon le degré d'appropriation de l'instrument aux fonctions auxquelles est appelée l'unité animique. C'est,
dans le cercle tout pratique et expérimental,
ce que chacun de nous n'apprend que trop
souvent à ses dépens, sans qu'il puisse, hélas!
y remédier. Qu'on admette la fixité des espèces ou qu'on soit transformiste, il est incontestable, ainsi que nous l'avons déjà dit, que,
dans des limites plus ou moins étendues, nous
transmettons notre conformation physique,
nos défauts, nos maladies ;.... à nos descendants. Nous préparons en un mot, que l'on
me pardonne la familiarité de l'expression,

un logis et un outil plus ou moins commode à ceux qui nous succèdent. A ce seul point de vue déjà, une responsabilité formidable incombe à l'être qui a le sentiment du devoir. Combien pourtant méconnaissent ou oublient cette responsabilité, et, au lieu de l'amour, ne méritent plus que les malédictions de ceux à qui ils donnent le jour! — Que nous ayons ou non occupé un degré inférieur dans une existence antérieure à celle-ci, toujours est-il que dans cette vie nous sommes des êtres perfectibles, et qu'il est par suite de notre plus impérieux devoir de perfectionner sans cesse. De ce devoir encore naît une responsabilité dont il est difficile de donner la mesure. — Quelques personnes, je le sais, se font une espèce de mérite de soutenir que l'homme n'est perfectible qu'individuellement, que les progrès de chacun de nous ne s'héritent pas par transmission et sont perdus pour ceux qui nous suivent, qu'un homme de génie était identiquement le même en puissance à quelqu'époque de l'histoire qu'il ait apparu, qu'ainsi par exemple, Aristote eût pu faire absolument les mêmes découvertes que Newton, s'il avait eu sous mains les éléments dont a disposé celui-ci.... Il suivrait de là qu'il a pu exister parmi les peuplades barbares primitives des génies comme Newton, Beethoven, Shakespeare, Michel-Ange..... qui ont passé inaperçus, uniquement parce qu'ils n'avaient pas sous mains les éléments nécessaires à leur manifestation. — Il me semble qu'il suffit de poser un tel énoncé pour montrer qu'une telle opinion est le paradoxe le plus monstrueux qui puisse passer par la tête d'un homme de cœur et d'intelligence : disons bien plutôt qu'il faut manquer des deux pour concevoir seulement la possibilité d'une pareille énormité. Il tombe, au contraire, sous le sens, que l'intelligence humaine est en tout point perfectible, non seulement dans chaque individu, mais encore dans toute l'espèce. C'est, en vérité, se faire la partie trop belle que de décliner toute responsabilité quant au degré moral et intellectuel de ceux qui nous suivront! Que nous ayons eu ou non une existence antérieure à celle-ci, rien n'est changé pour cela à la responsabilité qui pèse sur nous en ce monde-ci.

On a discuté et disputé à perte de vue sur

cette question d'une vie antérieure. Il est clair
que si elle était résolue dans le sens affirmatif,
nous n'aurions plus de doute à concevoir,
—quant à la continuation indéfinie. Mais si cette
vie antérieure avait eu lieu en des êtres organisés comme ceux que nous connaissons, il
est tout aussi clair que ce ne serait plus que
d'une *perpétuité* qu'il s'agirait, et non d'une
immortalité comme celle à laquelle nous aspi-
rons. — Privés du souvenir de la vie antérieure, nous constituerions de fait des êtres
nouveaux, non responsables de ce qui est au
passé. On a objecté cela mille fois, et toujours
avec raison, à la doctrine de la transmigra-
tion des âmes. Ce qui est bien clair aussi,
c'est qu'une pareille discussion sort complètement du domaine de la science proprement
dite. Nous n'avons pas à nous y arrêter un
instant. Nous devons bien plutôt répondre à
une objection, en apparence très grave, que
font à la notion d'une vie future toutes les
écoles de négation sans distinction.

De quel droit, dit-on, soutenir qu'un être
qui a un commencement n'a pas aussi une
fin? Nous n'avons nulle conscience, nul souve-

nir d'un état antérieur; chacun de nous est *nouveau-venu* ici-bas, sinon comme substance, du moins comme être ayant le sentiment de lui-même. De quel droit admettrions-nous dès lors que nous devons durer avec le souvenir du passé ?

Cette question, fort heureusement, est pleinement du domaine de la science; la négation qu'elle implique est purement spécieuse, et dérive, nous allons le voir, d'une fausse conception du temps et des rapports du fini et de l'infini.

Arrêtons-nous d'abord à une remarque critique digressive, comme plusieurs déjà se sont présentées à nous sur notre chemin. — Chose étrange, les doctrines de négation et les doctrines réputées les plus orthodoxes se rencontrent et posent une même négation, mais quant à deux éléments distincts. Les secondes tiennent la matière et l'Univers entier pour finis, mais l'âme humaine pour immortelle. Les premières déclarent au contraire la matière comme infinie en espace et en durée; quant à l'élément animique, il est simplement nié. Ainsi qu'en bien d'autres points, il y a

du moins chez ces dernières, au milieu de l'erreur même, un caractère logique qui fait absolument défaut chez les premières.

En tout premier lieu, en effet, il n'est pas
facile de deviner en quoi il peut être plus or-
thodoxe d'admettre que l'Univers est borné
en étendue, que le nombre des étoiles, des
mondes éparpillés dans l'espace est fini, que
les mondes auront nécessairement une fin, que
d'admettre en tous points l'opposé. L'observation directe, cela est bien évident, ne peut
pas nous apprendre si les mondes sont bornés
dans une certaine étendue de l'espace infini;
mais elle nous apprend du moins que l'étendue occupée par les étoiles grandit avec la
puissance de nos instruments d'observation, et
il n'y a dès lors aucun motif plausible pour
admettre qu'il y ait une limite quelconque à
cet agrandissement. En ce qui concerne la
durée, on ne voit pas non plus pourquoi la
matière et la force doivent avoir une fin *parce
qu'*elles ont eu un commencement, tandis que
l'âme doit être immortelle *bien qu'*elle ait eu
un commencement. Ce sont là certainement
des affirmations qui n'ont absolument rien de

commun avec une foi religieuse quelconque.

En second lieu, et c'est ici surtout le côté le plus paradoxal de telles assertions, comment ceux qui, avec raison, admettent que la substance en général (matière, force, élément vital) a eu son origine dans un acte de la volonté toute puissante, osent-ils soutenir que cette même volonté doive nécessairement détruire ce qu'elle a produit? N'est-ce pas là se substituer encore une fois au Créateur, sans aucune excuse plausible? Il nous semble qu'une prétention aussi audacieuse, loin d'avoir un caractère d'orthodoxie, touche de très près au blasphème!

Un très grand nombre de personnes, aussi bien parmi les hommes de science que parmi les laïques, pensent que ce qui a un commencement a *nécessairement* une fin; et de là beaucoup concluent que puisque notre vie commence, elle doit aussi finir.

Au point de vue scientifique, cette opinion est doublement erronée. En géométrie et dans l'ordre idéal, il existe plusieurs lignes courbes à équations parfaitement définies, qui ont un commencement et dont le développe-

ment est infini. Celle, par exemple, que décrit
l'extrémité libre d'un fil qui est enroulé autour d'un cylindre, et qu'on déroule en la te-
nant tendue, la *développante du cercle* est dans
ce cas : elle *commence* sur le cercle générateur
et, aucune limite n'étant imposée à la longueur
du fil, elle est idéalement *infinie* dans son développement. Dans l'ordre idéal donc, l'assertion est fausse. Dans le même ordre, mais à
un point de vue bien plus élevé, l'assertion
est plus erronée encore, s'il est possible, et
repose, comme je l'ai dit, sur une fausse notion des rapports du fini et de l'infini. Pour
bien des personnes, l'infini est simplement ce
qui, en grandeur, dépasse tout ce que nous
pouvons nous figurer : d'où il résulterait que
si, dans l'infini ainsi conçu, nous plaçons soit
un commencement de date soit un point de
départ en étendue, il existerait un rapport de
grandeur entre ce qui *va* avoir lieu et ce qui
a eu lieu antérieurement. Mais cette manière
de voir est mathématiquement fausse. L'infini,
si une expression presque familière est permise, l'infini est en quelque sorte le contenant
du fini, soit en temps soit en étendue, et tan-

dis que l'idée de mesure est inséparable de ce dernier, elle est au contraire étrangère au premier. L'infini, en un mot, n'est pas le fini amplifié au delà de toute imagination, il est autre en espèce et en nature : je l'ai dit dès le début, je le répète avec intention. Entre ce qui va devenir, en espace ou en temps, ce qui commence, et qui a eu lieu idéalement antérieurement, il n'y a donc pas de rapport nécessaire.

Ce que nous disons des choses de l'ordre idéal, est vrai, et à bien plus forte raison de celles de l'ordre réel, de ce qui a une existence effective. La matière, la force, l'âme.... ont été créées ou existent par elles-mêmes. Dans ce dernier cas, leur existence est un état qui n'a plus rien de commun avec une mesure quelconque en durée. Dans le premier cas, le seul admissible par la raison et un raisonnement correct, ce qui précède leur existence n'est pas *une durée* non plus; leur existence est aussi un état et non un phénomène; elle peut durer ou ne pas durer, selon la volonté de celui qui les a fait être, cela est bien évident; mais du fait même d'un commencement, il n'y a abso-

lument rien à arguer contre la durée *infinie*.
Au moment même où elles reçoivent l'être,
elles sont comme si elles avaient toujours été,
et il n'y a aucune raison imaginable pour dire
a priori qu'elles doivent cesser d'être. — Les
personnes qui croient à l'extinction *nécessaire*
de ce qui a eu un commencement, confondent
visiblement un *état* avec un *phénomène*. Notre
vie organique est un phénomène des plus
transitoires, nous le savons tous, mais nous
n'y songeons pas assez. Il nous est donné en
naissant, comme une somme finie d'activité
et d'action à dépenser; nous pouvons à notre
gré dépenser pour le bien et pour le mal,
physiquement et moralement; nous pouvons
même sommeiller, et laisser la dépense se
faire à notre insu; mais quand elle est opérée,
la vie organique cesse. En ce sens même
toutefois, et l'on ne saurait assez le mettre en
relief, la comparaison qu'on fait si souvent de
l'être organisé avec une machine est fausse.
Dans une machine, les pièces mouvantes s'usent
par le frottement et finissent par se briser ou
s'enrayer, si le travail persiste trop. Dans
l'être vivant, une semblable usure n'existe pas.

Notre sang, nos muscles, nos os..... se re-
nouvellent continuellement; quand les éléments
constitutifs d'un de nos organes, d'un de nos
membres cessent, par une raison ou une autre,
de se renouveler, cet organe, ce membre est
perdu pour ses fonctions. Ce qui s'épuise ici
visiblement et uniquement, c'est précisément
la puissance d'organisation, de réparation, d'é-
limination des éléments nuisibles. Ici même
toutefois, il n'y a aucune marche régulière, aucune similitude d'un individu à l'autre quant aux
organes dans lesquels cette puissance plastique
semble s'épuiser. Un tel conserve presque toute
sa force musculaire; un autre conserve ses sens
inaltérés; un autre conserve l'intégrité de son
cerveau, qui reste fidèlement au service de l'âme
pour penser. Quoiqu'il en soit, la confusion dont
je parle est manifeste. La *vie organique est transitoire*, mais les éléments qui y concourent ne
le sont pas nécessairement : ils peuvent l'être
ou ne pas l'être, et nous ne sommes nullement
en droit de décider *a priori* ce qui en est.
Ainsi que nous l'avons fait ressortir avec force
dès le début, un abîme sans fond sépare le
laïque de l'homme de science, et en sens bien

opposé de ce qu'on eût pu croire, quand il
s'agit de l'existence des êtres. Les laïques,
dont un grand nombre tient pour impie tout
homme qui doute, admettent sans difficulté et
sans scrupule, que ce qui est peut cesser d'être,
qu'une âme animale peut s'éteindre comme un
flambeau. L'homme de science sensé, à qui
l'éternel doute a été donné comme éternel
stimulant, ici cesse de douter : pour lui ce qui
est, ne peut cesser d'être *spontanément*.

La science moderne démontre, non certes
l'existence de Dieu, mais, ce qui équivaut en
tous points, elle démontre la non-éternité de
la substance en général, qui forme l'Univers :
MATIÈRE, FORCE, AME...., elle démontre l'existence de l'élément animique d'une manière in-
directe, mais équivalente à toute démonstration
directe, en montrant que les éléments du
monde physique sont absolument insuffisants
pour donner lieu aux phénomènes du monde
vivant. La durée indéfinie de ce qui a une
fois reçu l'être forme pour elle un axiome.
— En ce monde, l'élément animique qui constitue notre être pensant forme une unité bien
définie ; et c'est même, pour vrai, à cette

unité que chacun de nous tient le plus. Il nous
est logiquement permis d'admettre que l'âme
possédait ce caractère d'unité au. moment de
son entrée dans l'organisme et qu'elle le con-
servera à sa sortie. — Mais quelle sera sa
manière d'être, sa forme nouvelle ? Qu'on le
remarque formellement, je dis *sa manière
d'être*, je ne dis pas *sa destinée*. Ce sont là deux
ordres de questions absolument distinctes. La
première est du domaine de la critique scientifique, que la science puisse d'ailleurs ou non
la résoudre ; la seconde est absolument en dehors de ce domaine : son étude doit être l'objet essentiel des réflexions de tout être qui
pense et qui veut rester en paix avec lui-
même.

La première question est du domaine de la
critique scientifique, en ce sens qu'elle concerne l'ordre des faits qu'étudie la Science ;
mais la Science peut-elle la résoudre ? Tout
savant sincère répondra certainement que non.

En ce bas-monde, savants aussi bien que
laïques, croyants sincères aussi bien que scep-
tiques incurables, spiritualistes aussi bien que
matérialistes, nous n'arrivons tous à la notion

du monde externe que par l'intermédiaire de
nos sens; nous ne pensons qu'avec l'aide du
cerveau. Toutes nos idées, toutes nos pensées
les plus immatérielles reçoivent l'empreinte
des instruments à l'aide desquels nous les for-
mons. Cette empreinte certes varie en pro-
fondeur, selon l'éducation que nous nous don-
nons, selon les efforts plus ou moins grands,
plus ou moins soutenus que nous faisons pour
nous en affranchir, mais elle ne peut être effa-
cée chez personne entièrement.

Chez les personnes qui s'abstiennent de tout
effort pour s'élever au-dessus des notions de
pure sensation, qui ne s'excercent pas de bonne
heure à mesurer en quelque sorte l'influence
troublante de nos instruments de perception,
cette empreinte est telle que certaines notions
deviennent impossibles. C'est indubitablement
à une raison de ce genre qu'il faut attribuer
les discussions interminables qui ont eu lieu
et qui ont lieu encore en mathémathiques,
par exemple, sur l'intervention ou la non-in-
tervention de l'infini dans cette science. C'est
encore à cette raison qu'il faut rapporter la
résistance qu'opposent certaines personnes à

la notion de force, à l'existence d'un élément qui échappe à toute perception directe, et que, par une paresse d'esprit invétérée, on ne peut plus même concevoir comme une réalité. On substitue des atomes en mouvement incessant dans l'espace infini ; on ne les voit, on ne les perçoit sans doute non plus, par la raison très simple qu'ils n'existent pas, mais on se les figure du moins, et tout semble clair dès lors. Enfin, et pour rester dans notre sujet, c'est sans aucun doute à cette raison qu'il faut attribuer l'obstination que mettent un grand nombre de personnes à nier l'élément animique. Chez les esprits incultes, ce motif de négation se traduit souvent sous la forme la plus naïve et la plus risible ; « J'ai assisté à la mort d'un tel, je n'ai rien vu, rien entendu *partir :* pures inventions que tout cela !» Chez les esprits cultivés et habitués à *mieux se masquer*, ce sentiment ne se traduit pas sous cette forme cynique ; mais il n'en existe pas moins très vivace.

Ayons le courage de le dire, n'est-on pas en droit d'attribuer cette origine à une opinion qui est presque un article de foi dans le monde

chrétien? Admettrait-on un seul instant que
notre âme sera condamnée un jour à revêtir
de nouveau son corps d'ici-bas, si l'on avait la
plus légère idée de l'état d'une âme délivrée
de ce corps? Une pareille opinion certainement relève du plus grossier matérialisme. En
ce sens, hélas! les docteurs en théologie sur-
enchérissent encore dans l'énoncé de l'idée
matérialiste, en affirmant que ce seront les
mêmes matériaux qui formeront notre corps
futur, et qu'il doit, par conséquent, être inter-
dit de brûler nos cadavres, comme si ces matériaux ne se renouvelaient pas, incessamment
pendant notre existence organique, et comme
si d'ailleurs dans cette supposition d'une ré-
surrection organique, il était plus difficile de
rebâtir notre malheureux corps avec les éléments dispersés par la combustion qu'avec
ces éléments dispersés par la décomposition
putride!

Les notions que nous avons du temps et de
l'espace ne sont certainement pas fausses,
comme l'ont soutenu quelques philosophes,
mais elles sont incomplètes; elles sont rela-
tives à tout ce que nous observons ici-bas;

elles portent l'empreinte de nos instruments
de perception. Chez les esprit incultes, elles
ont un caractère réellement obtus. L'esprit
cultivé sent au contraire qu'elles pourront, en
de certaines conditions, être autres que nous
ne le concevons en cette vie; mais si exercé
qu'il puisse être, notre esprit n'arrive pas à
prévoir la forme réelle qu'elles auraient si
nous pouvions nous détacher complètement de
nos sens.

En un mot, et à un point de vue scientifique
correct, nous ne pouvons rien affirmer, ni
même rien concevoir, quant à l'état futur de
notre être séparé de ses instruments d'investigation. En raison même des notions incomplètes que nous avons du temps et de l'espace, tout ce qui a été écrit sur cet état futur,
par les poètes, par les philosophes, par les savants, revêt un caractère de puérilité ou de
haute fantaisie, qui, grâce à une forme litté-
raire brillante et émouvante, peut nous capter
pour quelque temps, mais ne laisse jamais de
traces définitives et profondes dans l'esprit.
Les peintures ou les descriptions d'anges, de
démons, de bienheureux, de réprouvés, que

nous ont laissées les plus grands peintres, les
plus grands poètes, quand elles tentent de
s'élever au-dessus des formes humaines, au-
dessus de l'anthropomorphisme, peuvent nous
saisir pour quelques instants, mais nous font
bientôt sourire. Ce qui y frappe, c'est la persistance de l'imagination à *localiser*, à donner
des *formes finies* à ce qui par son essence
même se trouve, plus que probablement, en
dehors des conditions finies de l'espace et du
temps.

. La nature incomplète des notions que nous
avons du temps et de l'espace non seulement
nous empêche de nous faire une idée de l'état,
du mode de manifestation de l'élément animique dépouillé de ses instruments de perception, mais elle nous enlève même, toute
compréhension nette de ce qui pourra être
pour nous un état de bonheur ou de malheur.
La joie la plus pure, la plus élevée, n'existe,
pour nous ici-bas, qu'à la condition de ne pas
durer ou d'avoir même la douleur pour repous-
soir. S'il est une infirmité humiliante, c'est que
nous ne puissions pas même concevoir un état
de félicité continu et toujours identique. L'ar-

tiste, le poète, le savant, dans l'idéal de bonheur futur qu'ils se peignent, chacun à sa manière, introduisent tous, sans même s'en douter,
la condition de changer sans cesse, de toujours
avancer, de toujours s'élever. — Un grand
peintre, sur son lit de mort, recevait les en-
couragements d'un ecclésiastique, qu'il comp-
tait parmi ses amis : « Songez, lui disait le
prélat, que vous allez contempler Dieu face à
face. » — « Mais mon père, objecta le peintre,
ne le verrai-je pas aussi de profil ? » Cette page
dernière de la vie d'un artiste peut faire sourire et sembler ironique au premier abord.
En y songeant pourtant, on ne peut qu'être
frappé de la force avec laquelle elle fait ressortir une défectuosité de notre nature d'ici-
bas.

S'il est un sujet sur lequel l'imagination se
soit donné libre carrière, c'est certainement
dans l'invention des joies ou des peines qui
nous attendent outre-tombe. Chacun a inventé
des plaisirs où des supplices à sa guise ; chacun se bâtit arbitrairement un paradis pour
lui, pour les siens, pour ceux qui partagent ses
opinions, et un enfer pour les autres. Dans

cette diversité, il y a peut-être une image éloignée, mais pourtant juste de la vérité. Et dans ces inventions d'ailleurs, il n'y a rien que de très innocent, et même de très légitime, pourvu qu'on se les réserve pour son propre usage et qu'on ne prétende pas les appliquer inflexiblement à autrui, pourvu qu'on se rappelle que ce qui est le paradis pour l'un peut bien être le purgatoire pour un autre. — Combien, hélas! prétendent étendre à l'autre monde l'intolérance dont ils font preuve en celui-ci. Rappelons-nous les paroles de cet Incas, qu'un Espagnol essayait de convertir, d'abord par voie de douceur, en lui peignant les félicités d'en haut. « Y aura-t-il des Espagnols dans votre paradis? » — « Eh! sans doute et surtout. » — « Alors laissez moi aller en enfer. » —Dans cette *diversité* d'inventions, qui est peut-être une image de la vérité réalisée ailleurs, notre esprit trouve du moins un moyen de surmonter quelques-unes des difficultés qui se dressent devant lui dès qu'il essaie de pénétrer du regard les voiles de l'avenir. Quelqu'ami qu'on puisse être de la concorde et des réconciliations, il ne nous est pas facile de comprendre comment Galilée, Jordano Bruno, et tant d'autres... pourraient en toute quiétude se côtoyer avec leurs juges qui pourtant, par droit de profession, occuperont, dit-on, les premières places. Il ne nous est pas facile de comprendre comment les persécuteurs d'ici-bas pourraient se sentir heureux à côté des persécutés.

La science est muette sur les mystères d'outre-tombe, sur la manière d'être, sur l'évolution future de l'unité animique, qu'il s'agisse de l'homme à qui a été accordé, quand il le le veut, le domaine de la pensée pure, ou des êtres inférieurs sentant et aimant comme lui, mais n'ayant pas le pouvoir de s'abstraire. Mais elle abolit définitivement sur l'autre rive l'idée du néant ; à l'être qui a su s'affirmer dans le présent et dire : «Je sens, j'aime, je pense, donc je suis, » elle dit : « Tu es, donc tu seras. »

La science nous conduit jusqu'à l'autre rive ; mais elle ne saurait nous révéler notre destinée au delà. Sur la rive fatale, elle nous livre à notre conscience, au souvenir de notre passé, au sentiment de notre responsabilité.

16

Ainsi que l'art, ainsi que la poésie, elle nous a été accordée comme un don, comme une faveur, pour nous faire comprendre la grandeur de notre mission, l'étendue de nos devoirs envers tous les êtres, ici-bas. Elle nous a été donnée comme un guide, comme un phare ; elle ne peut nous servir d'égide, elle ne peut qu'aggraver notre responsabilité, si, par une misérable vanité, par ambition, par asservissement à une caste, nous changeons la lumière en ténèbres, le bien en mal. Malheur au poète, à l'artiste, au savant, lorsqu'ils font servir leur inspiration, leur lumière à autre chose qu'à l'affranchissement de l'esprit et à la glorification du bien, du beau et du vrai.

G.-A. HIRN.

Colmar, août 1881.

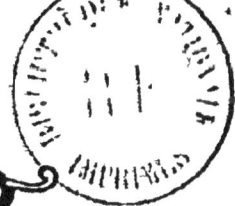

COLMAR

IMPRIMERIÉ J. B. JUNG & Cie

www.ingramcontent.com/pod-product-compliance
Lightning Source LLC
Chambersburg PA
CBHW050011100426
42739CB00011B/2590